# 図解 老後のお金 安心読本

――定年後の不安がなくなる!

深田晶恵

講談社+α文庫

# はじめに

私はFP（ファイナンシャルプランナー）として、個人の家計にまつわる相談を受けています。企業の社員向けに「退職直前研修」や「50代向けライフプラン研修」の講師もしていますが、50代の人たちの「老後不安」は年々高まってきていることを感じます。

たとえば10年くらい前の退職直前研修では、参加者は腕組みをしながら「ふんふん」と反応し、メモを取る人はごくわずかでしたが、この数年の参加者は熱心に聴き、メモを取り、質問します。ご夫婦で定年前に生活設計の相談に見えるケースも増えています。

以前なら60歳から満額の年金を受け取り、すぐに「年金生活」がスタートしたのが、現在は60代前半では満額の年金は受け取れません。みなさんの本音は「できれば60歳定年でリタイアしたい」。でも「年金をすぐにもらえないなら、働かなくてはいけないのだろうか、そもそも年金や60歳以降の給料はいくらもらえるのだろう」と「わからないことだらけ」で不安を覚えます。

しかも、これまでは家計管理をすべて妻任せにしていた男性は、何から手を付けていいのかわからないことでしょう。ずっと先だと思っていた定年が間近に迫ってきたときに「退職直前研修」で、「定年後の生活のために今すべきこと」といったセミナーに参加すると、前のめりで受講されるのです。

さらに知っておきたいのは、「アベノミクス」によるデフレ脱却後の物価上昇、年金額の減額、消費税増税など、今起こっている経済的変化は、どれも年金生活者に大きな打撃を与えるということです。負担増の時代に入ると、働いて収入アップを図ることができない年金生活者はとても不利となります。

読むだけで暗い気持ちになる話ですが、定年を迎える前にできることはたくさんあります。大きなポイントは「退職金や年金を減らさないコツ」を知り、定年を迎える前にできることを実行することです。

収入や生活環境が大きく変化する50代から60代にかけて、不安を感じることなく、新しい環境にソフトランディングするお手伝いをこの本でできたらと思い、本書の構成を考えました。

定年後の生活設計の柱となる「退職金・年金を減らさないための3つのポイント」から始まり、投資をはじめたい人に「失敗しない投資デビューの知識」、「定年後の生活を楽しいものにするおトク情報」、お金のトラブルを防ぐための「暮らしのお金・家族のお金」という構成です。

最後までお読みいただき、老後の生活の不安解消に役立てていただけたら幸いです。

2014年5月

ファイナンシャルプランナー　深田晶恵

※本書は特別の記載がない限り、2014年5月の制度、金利、商品情報に基づいて執筆しています。

目次

# 第2章　退職金と年金を減らすのは、「医療保険病」

## 第3章 「減らさない」退職金運用のポイント

# 第4章 投資デビューで失敗しないためにこれだけは知っておこう

## 第5章 知らなきゃ損するお金のおトク情報

## 第6章　暮らしのお金・家族のお金　Q&A

## 巻末付録　お役立ちシート

プロローグ

# 退職金・年金を減らさないための3つのポイント

# 「退職金が5年で500万円減ってしまったAさん」と「退職金が殖えたBさん」の違いは何？

## Aさんの行動

60歳で定年を迎えたAさん。3月末の出社日には、同僚から「お疲れさまでした！」と花束を贈られ、長かった会社員生活を振り返りながら帰宅の途につきました。

しかし、翌日には同じように出勤します。満額の年金を受け取れる65歳までは、継続雇用制度を利用して働くことに決めたからです。ただし、年収は定年前の3分の1程度まで下がります。

「退職直前研修では、定年後の生活設計をするように言われたけれど、保険の見直しも生活費の見直しも面倒だから、働ける間は今のままでいいや。来月には退職金も振り込まれるから心配もない」というAさん。銀行から電話がかかっている資産運用にも興味があります。

しかし5年後、65歳で完全にリタイアし、年金生活に入ったときには退職金が500万円も減っています。Aさんに何が起こったのでしょう。

## Bさんの行動

現役時代は、家計管理を妻任せだったので、生活にどのくらいお金がかかるか見当がつかないBさん。まずは、今の支出の棚卸しからはじめました。

「昨年1年間の支出は、500万円とは、ずいぶん使っていたんだなぁ。65歳まで働くとはいっても、給料は大幅ダウンだから支出のスリム化を図らなくては」と、奥さんと一緒に予算作りに着手。

老後資金として貯めた貯蓄を使い住宅ローンを完済すると、毎月のローン返済はなくなりました。ムダな保険を見直しをすると、保険料支出も激減。奥さんと一緒に見直し作業に取り組んだため、奥さんは生活費引き下げにも快く応じてくれました。

赤字を出さずに何とか生活ができそうなプランができたので、退職金は定期預金で寝かせておくことにしました。結果、65歳になったとき、退職金はわずかですが利息がついて殖えていました。

## 最近は「Aさんタイプ」の定年退職者が急増中

60歳で定年を迎えたあとも働く人が大多数になったことにより、支出の見直しをしないまま65歳になる人が急増しています。定年後も「これまでと変わらず毎日会社に行く」ので、生活に大きな変化がなく、Aさんのようについ見直しを先送りにしてしまうからです。

Aさんは、支出の見直しをしないまま収入ダウン後の生活を送ったため、毎年100万円の赤字を出し、5年間で退職金を500万円減らしてしまったのです。Aさんの例は、決して珍しいことではありません。

Bさんの成功ポイントは、収入ダウンの前に支出の見直しに着手したこと。そして、妻を巻き込んで一緒に取り組んだことに要注目です。収入がダウンすることを伝え、支出の全体像を共有したため、生活費のダウンに快く応じてくれたのです。

50代、60代の男性は「妻を巻き込み、情報共有」が苦手な人が多いですが、後の年金生活を苦しいものにしないためには、必要不可欠。実行を心がけてくださいね。

## 5年ごとの収入ダウンのイメージを頭に入れておく

図1のように50代から60代にかけて収入ダウンの時期が何度か訪れます。

55歳時に役職定年制をもうけている企業に勤めていると、55歳を機に年収が何割かダウンするケースがあります。60歳で定年を迎えてから65歳まで働くとしても、多くの場合年収はそれまでの3分の1程度となります。

一例を挙げると、55歳まで年収850万円、役職定年制により50代後半は650万円、60代前半は300万円弱といったイメージです。そして、65歳でリタイアし年金生活に入ると、夫婦で受け取れる年金はそれまでの給料等により個人差がありますが、世帯で230万〜300万円くらいです。

50代以降の収入は、5年ごとに少なくなっていくと考えておくといいでしょう。収入ダウンの時期に合わせて支出カットを試みないと、お金を貯められないどころか、

図1●55歳以降は「5年ごとの収入ダウンのステージ」で考える

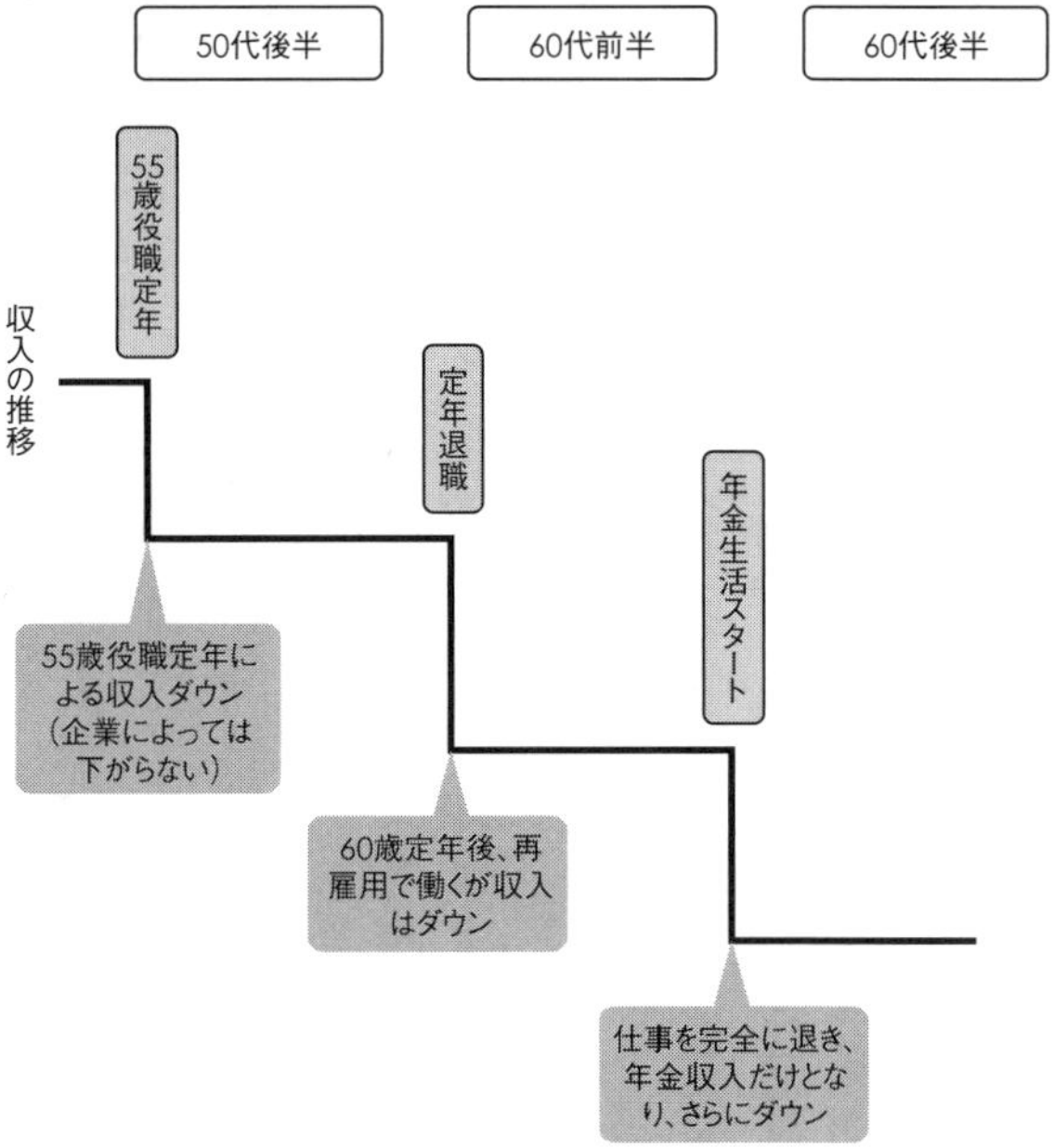

働いている間に貯蓄や退職金の取り崩しが発生してしまいます。現役時代から「お金が減る」事態は、絶対に避けなくてはいけません。

大事な貯蓄や退職金、そして将来受け取る年金を減らさないためには、次の3つのポイントを知ることが大切です。

**①家計の収支を改善して、ストック（手持ち資産）を減らさない**
**②病気にかかるお金の心配は、「健康保険」を知って解消する**
**③退職金の運用で〝大失敗〟しないようにする**

どれも難しいことではありません。具体的なアドバイスは次の章から紹介しますので、さっそく実践してみましょう。

## ← 退職金・年金を減らさないポイントとは？

# 第1章

# やらないと退職金が500万円減ってしまう「決算と予算」

## Point 1 「家計の収支を改善して、ストック（手持ち資産）を減らさない」

退職後の収入の柱となる公的年金は、現役時代の収入に比べ格段に少ない金額となります。年金で足りない分は、それまで貯めてきた金融資産や退職金を充てることになるでしょう。

プロローグで登場したAさんのように退職後の生活設計を立てずに、何となく定年を迎え、5年で500万円も手持ち資産を減らしてしまったというケースも少なくありません。

たとえば、現役最後の年、手取り年収が700万円で、年間貯蓄額が200万円だったとすると、1年間で使ったお金は500万円です。定年後、再雇用で働いたときの収入が300万円だとすると、それまでの支出を200万円も切りつめないと収支がマイナスになってしまいます。なんとなくそれまでと同じ生活を5年間続けると、資産を1000万円以上取り崩すことになります。もちろん、どのようにお金を使うのかは自由です。でも、何となく生活して数年で定年後資金を数百万円も目減りさせるのは避けたいものです。

そのためにはまず、「家計の決算&予算作り」をしましょう。最初に現状把握のための決算を行い、それをもとに予算を立てます。そうすることで、退職後に年金だけでは1年でいくら足りなくなるのかが把握できます。

できるだけ早い時期にムダな支出を省いて家計の収支を改善しましょう。本書を読んでいる男性のなかには、「さっそく、妻に作らせよう」と考える方がいるかもしれませんが、それはダメ。決算は、夫婦一緒に行わないとうまくいかないからです。

何より、これまで家計管理を妻任せにしてきた男性は、生活にどのくらいお金がかかるのかご存じない場合がほとんどですから、これを機会に家計と向き合いましょう。

また、夫が一人で予算作りをするのもNG。生活実感のない夫が、現状把握をせずに一人で予算を立てようものなら、妻からブーイングが出るのは必至。決算&予算作りは、「夫婦の共同作業」であることを肝に銘じておいてくださいね。

## 決算・予算のポイント

### 現在の生活の決算をしてから、定年後の予算を立てよう

家計の決算は、32~35ページのシートを使って現状把握からはじめましょう。私がコンサルティングの際に実際に使っ

ているものです。

特徴は、項目ごとに年間合計（ヨコ計）の欄があることと、「毎月の支出」と「年数回の支出（年間を通じて何回か出ていく出費）」のそれぞれの合計額（タテ計）の欄があることです。年間合計額を出すヨコ計があることでムダな支出が見つけやすくなり、タテ計があることで年金生活での収支のバランスがとりやすくなります。

たとえば「生命保険料」。一つずつの保険料は月数千円から1万円程度でも、夫婦の分を合計すると月3万円、4万円払っているというご家庭が少なくありません。月4万円なら年間だと48万円です。ヨコ計で年間合計額を出してみると、出費の重さに気がつきやすくなります。保険の見直しを先送りしていた人は、すぐに取りかかりましょう。

可能であれば、住宅ローンは貯蓄や退職金で一括返済をしましょう。返済が続く限り利息を払うことになるので、完済してお金の流れをシンプルにすると家計管理が楽になります。

駐車場代は住居費に入れずに「車維持費」へ。こうすると年間のランニングコストが一目瞭然です。年齢を重ね、車を手放そうかなと思ったときは、車にかかっていた

出費がすっぽりとなくなるわけです。
項目は一例ですから、自由に設定していただいて結構です。「使いすぎかも」と気になる出費があれば、それを独立させた項目を作るといいでしょう。

## ボーナスがなくなるからこそ、年間管理が必要

次にタテ計の活用方法です。現役時代は、月給とボーナスがありましたが、年金にはボーナスがありません。長年、入ってくるお金に合わせて支出するのが習慣化しているので、退職直後は「年数回の支出」の扱いにとまどう方が多いようです。

70歳近くなり年金生活もベテランになると、生活費など「毎月の支出」は公的年金でやりくりし、旅行や冠婚葬祭にかかる費用など「年数回の支出」については金融資産から取り崩す、といった方法に落ち着く方が多くなります。

こうしたベテランさんのやり方を見習うと、予算が立てやすくなり、手持ち資産の減少を抑える効果があります。この本を読んだ直後から実践すると、支出コントロールの感覚をつかむことができ、退職金の目減りを防ぐことができます。

次に予算作りですが、その前に今の高齢者がどんなふうに暮らしているのかみてみましょう。

●定年前の決算書の例

| 項目 | 内容 | 毎月 | 年数回 | 年間 |
|---|---|---|---|---|
| 基本生活費 | 食費、雑貨、公共料金、通信費、新聞代など | 12万円 | | 144万円 |
| 住居費 | 家賃や住宅ローン、固定資産税、管理費、修繕積立金など | 14万円 | 10万円 | 178万円 |
| 車維持費 | 駐車場代、税金、ガソリン代、車検費用など | 3万円 | 10万円 | 46万円 |
| 保険料・共済掛け金 | 生命保険、共済など保険料・掛け金 | 4万円 | | 48万円 |
| 交際費・余暇費 | 冠婚葬祭や夫婦のこづかい、趣味などにかかる費用、旅行費用など | 5万円 | 40万円 | 100万円 |
| その他の支出 | 耐久消費財の買い換え、不測の出費など | | 30万円 | 30万円 |
| | 支出合計額（A） | 38万円 | 90万円 | 546万円 |

| | 毎月 | 年数回 | 年間 |
|---|---|---|---|
| 世帯の手取り収入（B） | 40万円 | 200万円 | 680万円 |
| ★収支（B）－（A）・・・貯蓄額 | 2万円 | 110万円 | 134万円 |

## ●見直し後の年金生活の予算

| 項目 | 内容 | 毎月 | 年数回 | 年間 | |
|---|---|---|---|---|---|
| 基本生活費 | 食費、雑貨、公共料金、通信費、新聞代など | 10万円 | | 120万円 | 月2万円引き締めで△24万円 |
| 住居費 | 家賃や住宅ローン、固定資産税、管理費、修繕積立金など | 2万円 | 10万円 | 34万円 | 住宅ローン一括返済で△144万円 |
| 税・社会保険料 | 税・国民健康保険料・介護保険料など | | 35万円 | 35万円 | 新たな支出 |
| 車維持費 | 駐車場代、税金、ガソリン代、車検費用など | 3万円 | 10万円 | 46万円 | |
| 保険料・共済掛け金 | 生命保険、共済など保険料・掛け金 | 1万円 | | 12万円 | 保険を見直して△36万円 |
| 交際費・余暇費 | 冠婚葬祭や夫婦のこづかい、趣味などにかかる費用、旅行費用など | 4万円 | 40万円 | 88万円 | ここはあまり削らない |
| その他の支出 | 耐久消費財の買い換え、不測の出費など | | 30万円 | 30万円 | |
| | 支出合計額(A) | 20万円 | 125万円 | 365万円 | 見直し前より181万円減！ |

| | | | | |
|---|---|---|---|---|
| 公的年金・個人年金など世帯の手取り収入(B) | 23万円 | 0円 | 276万円 | |
| ★収支（B）－（A） | +3万円 | −125万円 | −89万円 | これが年間取り崩し額 |

毎月支出×12＋年数回

| | 毎月支出 | 年数回支出 | 年間支出 |
|---|---|---|---|
| | | | |
| | | | |
| | | | |
| | | | |
| | | | |
| | | | |
| | | | |
| | | | |

| | | | |
|---|---|---|---|
| | | | |
| | | | |

ダウンロード方法は巻末をご参照ください。

●ぜひ、決算＆予算作りを！

| 項目 | 内容 |
| --- | --- |
| 基本生活費 | 食費、雑貨、公共料金、通信費、新聞代など |
| 住居費 | 家賃や住宅ローン、固定資産税、管理費、修繕積立金など |
| 税・社会保険料 | 所得税・住民税、国民健康保険料・介護保険料など |
| 車維持費 | 駐車場代、税金、ガソリン代、車検費用など |
| 保険料・共済掛け金 | 生命保険、損害保険、共済など保険料・掛け金 |
| 交際費・余暇費 | 冠婚葬祭や夫婦のこづかい、趣味などにかかる費用、旅行費用など |
| その他の支出 | 耐久消費財の買い換え、不測の出費など |
| | 支出合計額（A） |

| |
| --- |
| 世帯の手取り収入（B） |
| ★収支（B）－（A） |

※本書に掲載されている各種シートのPDFファイルをプレゼントします。

「今」と「60歳」と「65歳」の3回の節目を逃さない！

図2●年金生活のイメージを持とう

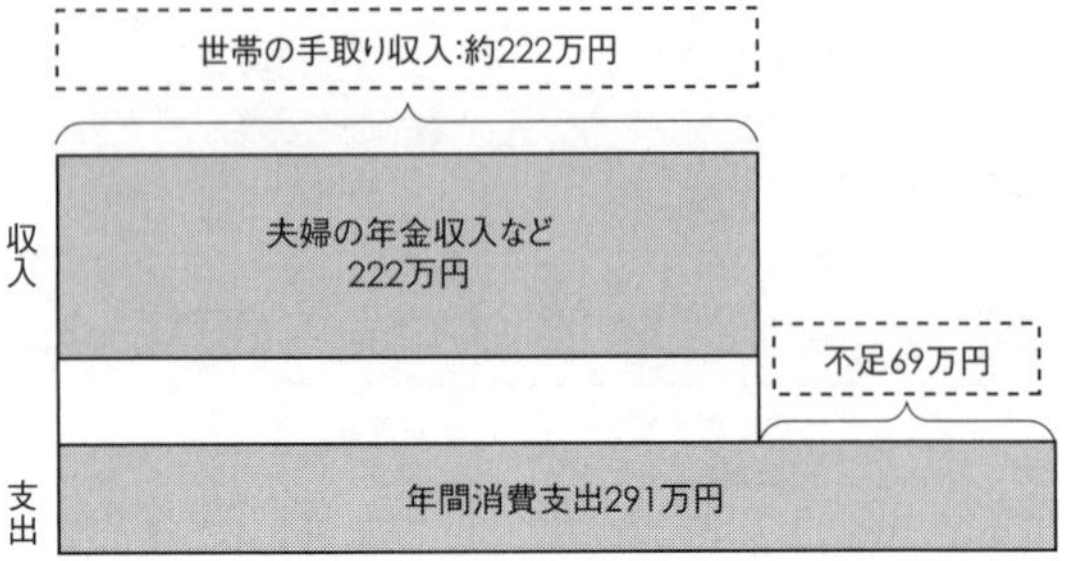


総務省の家計調査報告（2013年）65歳以降無職世帯のデータを基に筆者が作成

※手取り収入は世帯収入から税・社会保険料を差し引いた額

年金生活のイメージを持つためには、今の高齢者の収支が参考になります。総務省の「家計調査報告（２０１３年）」のデータを見ると、今65歳以上の夫婦は年金などで年平均約２５８万円の収入があります。内訳は、公的年金収入が夫婦で約２４０万円、その他の収入が18万円ほどです。税金や社会保険料を差し引くと、手取り収入は年２２２万円ほど。現役世代のときより、はるかに少ない収入ですね。

消費支出の平均額は年間で約２９１万円。不足分の約69万円は、貯蓄を取り崩すなどしてまかなっている計算になります（図2参照）。

このデータは「全国平均」ですから、「自分の場合」を調べるには、毎年の誕生月に郵送で届く「ねんきん定期便」で確認できます。50歳以上の人の場合は「その時点で加入している年金制度に引き続き加入した場合（つまり、これからも今の職場で働いた場合）の年金見込額」が記載されています。40年近く会社勤めをしてきた一般的な人であれば、老齢厚生年金と老齢基礎年金の合計額で180万～200万円程度です。家計の老後の収入は、これに妻の年金の分と企業年金がある人はその額を加味して考えればいいでしょう。

もう一つイメージしておきたいことがあります。それは、今から年金生活に入るまでの間の「貯蓄残高の推移」です（図3参照）。現役時代に毎年少しずつお金を貯めていくと、貯蓄額は60歳まで増えていきます。65歳から年金生活に入ると、前述のように収入は大幅ダウンしますから、毎年の不足分は現役時代に貯めたお金や退職金を取り崩していくことになります。

注目したいのは、60代前半の貯蓄残高が「横ばい」になっていることです。定年を

図3●60代前半は働いて、貯蓄を減らさないことを目標にする

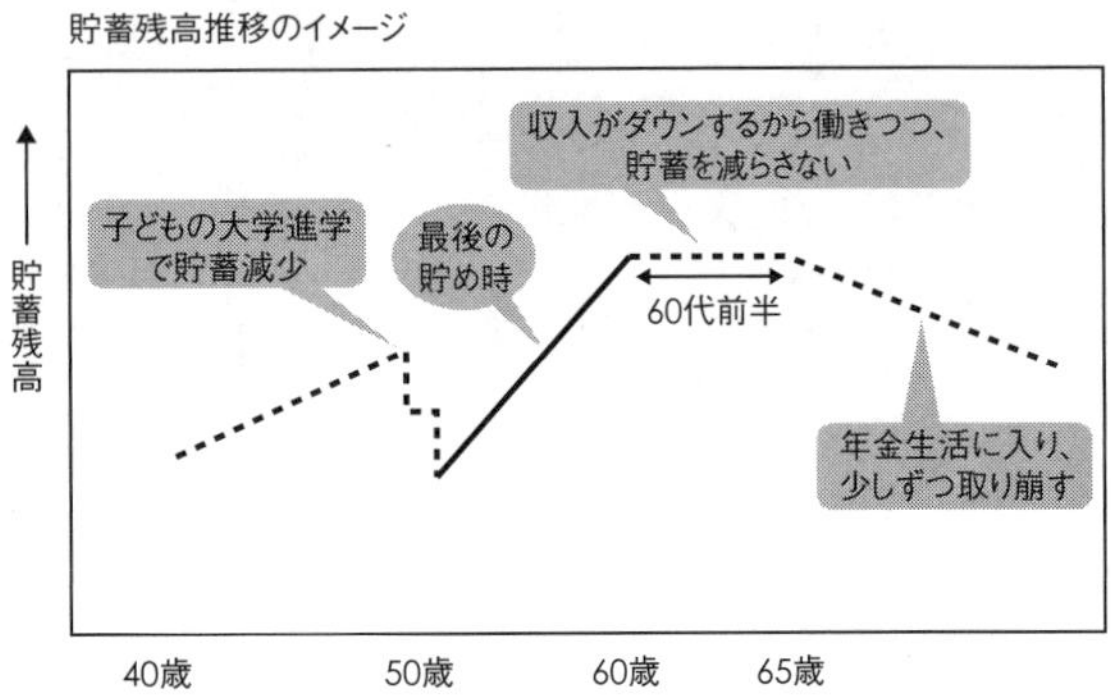


迎え、65歳まで再雇用で働いたとしても年収は下がります。支出が収入を超え、60歳から貯蓄の取り崩しをしてしまうと、老後資金が速いスピードで減ってしまいます。

取り崩しを避けるためには、少なくなった収入で「収支トントン」の生活を5年間送ります。再雇用後の収入が思ったより良かったり、支出の大幅カットができ、収支がプラスになりそうなら、年金生活に向けて少しでもいいので貯めましょう。でも、多くの場合「収支トントン」がやっとでしょうから、「貯めなくてもいいから、赤字は絶対に出さない」ことを目標にしてください。

図4●3回の節目ですべきことを念頭に置いておこう

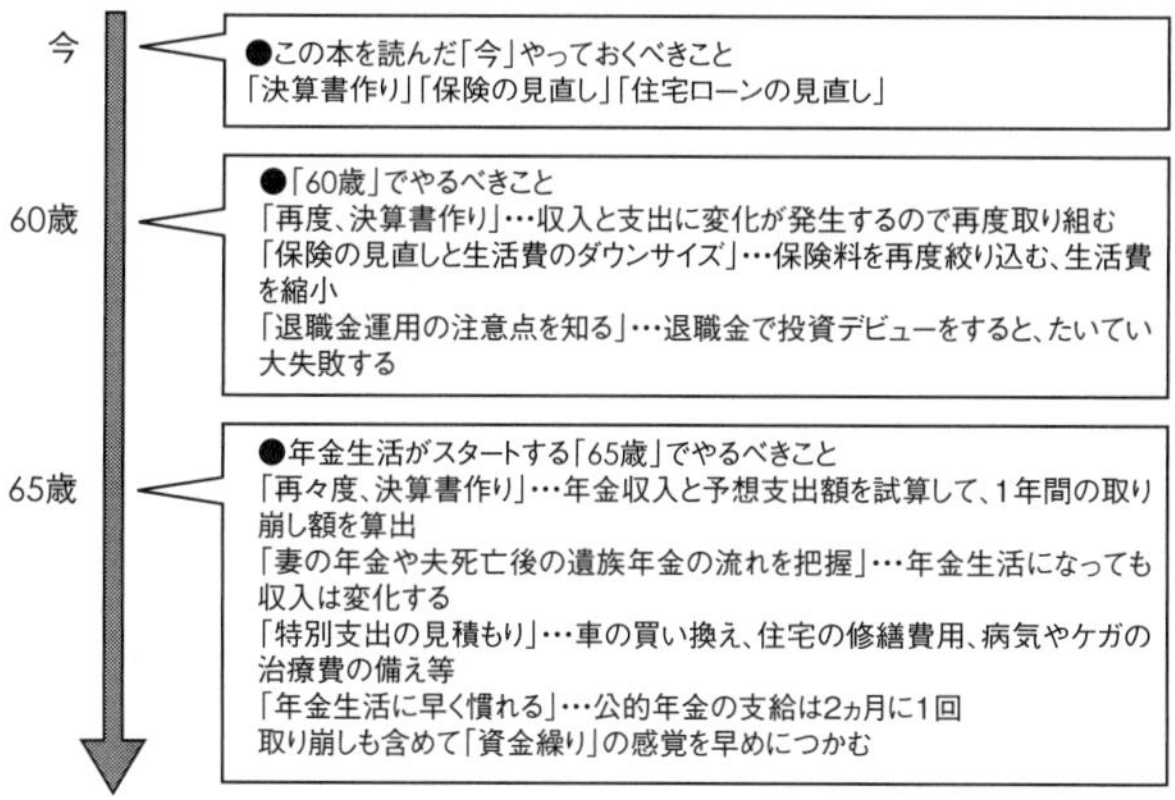
今
●この本を読んだ「今」やっておくべきこと
「決算書作り」「保険の見直し」「住宅ローンの見直し」
60歳
●「60歳」でやるべきこと
「再度、決算書作り」…収入と支出に変化が発生するので再度取り組む
「保険の見直しと生活費のダウンサイズ」…保険料を再度絞り込む、生活費を縮小
「退職金運用の注意点を知る」…退職金で投資デビューをすると、たいてい大失敗する
65歳
●年金生活がスタートする「65歳」でやるべきこと
「再々度、決算書作り」…年金収入と予想支出額を試算して、1年間の取り崩し額を算出
「妻の年金や夫死亡後の遺族年金の流れを把握」…年金生活になっても収入は変化する
「特別支出の見積もり」…車の買い換え、住宅の修繕費用、病気やケガの治療費の備え等
「年金生活に早く慣れる」…公的年金の支給は2ヵ月に1回
取り崩しも含めて「資金繰り」の感覚を早めにつかむ

このように少し先の状況を見通してみると、老後に向けて家計に向き合う節目は「今」と「60歳」と「65歳」の3回あることがわかります（図4）。本書を手にした「今」は、一番重要な節目となりますから、これを機会にしっかり決算書と予算作りに取り組み、少しでもカットできる支出があれば見直しを実行してください。

次の節目の「60歳」になったら、再雇用後の収入をもとに「収支トントン」となる予算作りをします。実際に支出を300万円台に抑えるのは簡単なことではありません。60代前半に「収支トントン」を実現するには、「今」から家計改

善に取り組む必要があるのです。

最後の節目、年金生活に入る「65歳」になったら、年金収入をもとに予算作りをし、「毎年の取り崩し額」を予想します。年金収入で不足する額が年60万円だとすると、65～90歳までの25年間で1500万円。病気にかかるお金の備えや住宅の修繕費、車の買い換え費用、子どもの住宅資金援助といった特別支出を仮に1500万円と見込むと、合計3000万円が65歳時点で必要という試算になります。

毎年の不足額が100万円なら、25年で2500万円、特別支出1500万円と合わせると4000万円にもなります。そんなにお金がない！　というなら、毎年の取り崩し額を少なくする、または子どもの住宅資金援助はしないと決め子どもに伝えておくなど、軌道修正が必要となります。いずれにせよ、年金生活の収支を予測しておかないと、年齢を重ねてから「お金が足りない！」といった事態になりかねません。

年金生活のお金の不安を軽減するには、「3つの節目」がとても大事であることをおわかりいただけたかと思います。

見直しのポイントは、「生活費のスリム化」「保険の見直し」「住宅ローンの完済」

の3つです。上手に見直すと、この3点だけで年間200万円以上も支出削減することも可能ですから、取り組みがいがあります。

「生活費のスリム化」は、「今」と「60歳」と「65歳」の3回の節目ごとに月数万円ずつ減らすようにするといいでしょう。プロローグに登場したAさんのように「働いている間はまだいいや」と、スリム化を先延ばしにすると、65歳のときがとてもつらくなります。生活費の見直しは、ダイエットと同じで時間をかけて少しずつ支出を減らしていくのが成功の秘訣なのです。

「保険の見直し」と「住宅ローンの完済」については、次のページから詳しく見ていきましょう。

# 生命保険の見直しのポイント

## 「払い済み保険」にするメリットを知っておこう

退職者セミナーで参加者に「生命保険料を年間いくら払っているかわかる人？」と尋ねると、手を挙げるのは100人いたら5人くらいです。女性の参加率が高いと、もっと手を挙げる人が多いのですが、男性は「妻に任せきりでわからない」という方がほとんどです。

現役時代は、家族の分を合計して月に4万～5万円、年間で50万円以上払っているケースは少なくありません。払っている保険料の大半で死亡保障を買っているなら、早めに見直しをしましょう。子どもが社会人になっているなら、多額の死亡保障はもう要らないのです。

「定期付き終身保険」や「終身保険」の保険料払い込み期間が、65歳や70歳までだと、その時期まで払わないといけないと思ってしまうのですが、そんなことはありません。そういう場合は「払い済み保険」の検討を。払い済み保険とは、その時点での

解約返戻金をもとに一括で終身保険を買い、保険料の支払いを済ませてしまう見直し方法です。

メリットは、翌月から保険料の支払いがなくなることと、解約返戻金は徐々に増えていくこと。終身保険として残しておいてもいいですし、お金が必要になったら解約して使うことも可能です。

デメリットは、保障額が小さくなることと、入院特約など各種特約が消滅することです。

払い済みにして終身保険をいくら買うことができるかは、ケースバイケースです。20年前に契約をした定期付き終身保険（終身保険が1000万円＋定期保険が2000万円+入院特約)を払い済みにすると、終身保険を600万円買うことができたというケースもありました。これまで保険料を毎月2万円近く払っていたのがゼロになり、保障が残るのですから、見直しのメリット大ですね。

ご自身の場合がどうなるかは、保険会社のお客様相談センターに電話をかけて聞いてみてください。年に1回送られてくる「契約内容のお知らせ」に問い合わせ先が明記されています。

## 退職金より住宅ローンの残債のほうが多いケースの見直しは?

### 住宅ローンの負担を軽くしておこう

年金生活に備え、住宅ローンは退職金で一括返済をすることをおすすめします。とはいっても退職一時金よりもローン残高のほうが多いケースもありますね。その場合は、一部繰り上げ返済で負担を軽くするといいでしょう。

再就職先が見つからず、当面の収入は失業等給付の基本手当、もしくは部分年金のみというケースなら、現役時代のままのローン返済額はきついはず。毎月の返済額を減らすなら、「返済額軽減型の繰り上げ返済」の方法があります。

また、65歳までは働けるから今の返済額でOK、でもローンは70歳まであり、60代後半の返済が心配というケースなら、「期間短縮の繰り上げ返済」の方法をとるといいでしょう。

手元に定年後資金を残しつつ、住宅ローンにも一部お金を投入して、将来の利息負担を軽減します。先延ばしにすると見直しの選択肢が少なくなりますから、早めに着手を。

# 退職後の健康保険の手続きに注意する

## 任意継続のことを知っておこう

完全リタイア後の健康保険は、すぐに国民健康保険（以下、国保）に入ると思っている人が多いのですが、他にも選択肢があります。

退職後、仕事をしないのであれば、勤務先の健康保険を2年間「任意継続」できます。会社員時代の健康保険料は、原則労使折半でしたが、退職後に任意継続する場合は、全額自己負担です。退職時の保険料か、被保険者の平均のいずれか低いほうで、会社負担分も払うことになります。

任意継続のメリットは、会社負担分を払ったとしても、国保の保険料より安くなる可能性があること。国保の保険料は、所得額（または住民税額）により決まるため、退職前の収入が多かった人は、退職後すぐに国保に加入すると、保険料が上限額（年間67万円・平成26年度のケース）に達することがあります。国保の保険料と任意継続したときの保険料を比較して安いほうを選択しましょう。任意継続の保険料は勤務先

に、国保は役所に問い合わせると概算額がわかります。

また、勤務先の健康保険の高額療養費の給付が充実しているなら、任意継続するメリットは大です。

第2章の高額療養費制度のページにある通り、通常は1ヵ月の自己負担限度額は9万円前後。しかし、大手企業の健康保険組合や公務員の共済組合なら、1ヵ月の限度額が2万〜4万円のところもあります。任意継続の間もこの恩恵を受けられるのです。ただし、医療費がかかったときに受けられる恩恵であることを忘れずに。

退職前に「任意継続をしますか」と聞

いてくれる会社もあれば、そうでない会社もあります。規模が小さい会社は、こうしたところまで手が回らないようです。自分で手続きする場合は、退職の翌日から20日以内に加入の健康保険で手続きを。健保組合、共済組合なら職場で手続き方法を確認し、中小企業勤務の人が加入する「協会けんぽ」なら各都道府県にある支部に問い合わせましょう。

年収180万円未満で子どもが生計維持者なら、子どもの健康保険の扶養になれるケースもあります。

# 定年の翌年は住民税に注意

## 退職の時期によってまとまった額の請求がくることも

定年の翌年は住民税の支払いに注意しなくてはなりません。

所得税と住民税は「払う時期」が異なることを知っておきましょう。所得税については、給与も年金も「源泉徴収」のシステムにより前払いをして、納めすぎた税金が年末調整か確定申告で戻ってきます。

これに対して住民税は、1～12月の所得に基づいて翌年5月頃に決定します。つまり、かなり遅れて請求がくる仕組みなのです。3月の年度末に退職すると、翌年6月に請求がくる住民税は3ヵ月分ですみますが、12月に退職をすると、翌年6月にまる1年分が請求されます。

退職の時期によっては、忘れた頃にまとまった額の住民税の請求がきますから、お金を取っておく必要があります。

ちなみに退職金は、「分離課税」といって、他の所得と合算せずに税金の計算をします。「退職所得の受給に関する申告書」を勤務先に提出しておけば（さまざまな書類の中にあるはずです）、勤務先が退職金の所得税と住民税を計算・徴収してくれ、納税は終了します。

# 公的年金のもらい忘れを防ぐために

## 早めの準備が大切

年金のもらい忘れを防ぐには早めの準備が大切です。「ねんきん定期便」を受け取ったら、年金事務所等へ行く前に公的年金の加入歴をチェックします。空白の期間があったら、年金事務所等で年金相談を受ける際に申し出ましょう。その際に勤務した会社の所在地と時期を一覧にまとめた「職歴表」を作っておくと相談がスムーズになります。年金手帳も忘れずに持参します。

年金記録に間違いがないことが確認できたら、年金請求の手続きをします。年金支給が開始される年齢となる誕生日の1日前に受給権が発生しますので、それ以降に手続きをとります（年金支給開始年齢早見表は巻末参照）。「年金請求書」は年金を受けられる年齢の誕生日の3ヵ月前に届きます。

請求先は最後に加入していた年金制度の種類によって異なります。

・最後に加入していたのが厚生年金なら、最寄りの年金事務所または「街角の年金相

談センター」

・厚生年金に加入したことがあり、最後の年金が国民年金（第3号を含む）の場合は最寄りの年金事務所

・国民年金のみの人は、自宅住所地の市区町村の国民年金の担当窓口

受給権は原則、5年で時効になりますので、注意してください。

厚生年金基金のある会社に勤務していた人は、別途手続きをする必要があります。退職時に基金に加入していた人なら、書類が送付されるので問題はないでしょう。

気をつけたいのは、転職経験があり、以前の会社で基金に加入していた人です。引っ越し等で現住所が変わっている場合、基金にも連絡をしておけば、書類が送付されるのですが、そうでないと書類がこないので請求もれになる可能性が大です。

基金には公的年金の代行部分があるため、基金の請求がもれると公的年金の額も減ってしまいます。最近は、年金事務所等で「基金の請求忘れはありませんか」と注意を喚起してくれるようです。転職経験がある人は、年金事務所等で基金加入の有無を確認することをおすすめします。

10年程度の短期加入者や解散した基金の加入者は、「企業年金連合会http://www.pfa.or.jp/」に年金請求をすることになります。

# 年金受け取りの流れを知っておく

## 勘違いしやすい遺族年金の受取額

年金は自分や配偶者の年齢によって金額が変わります。図5は、その流れを表したものです。まず、60代前半は報酬比例部分の厚生年金（部分年金ともいいます）のみの支給となります。これでは生活が大変。給与との支給調整で年金がカットされたとしても、働けるなら働いたほうがいいですね。しかも、図の太郎さんの年齢だと、年金支給開始は61歳ですから、60歳の1年間は年金はありません。

報酬比例部分の年金に加え、基礎年金の受給が65歳からはじまると、妻の加給年金が夫につきます（金額は夫の生年月日によって異なる）。妻が65歳になると、妻自身の基礎年金がはじまり、夫についていた加給年金は「振替加算」として妻につくようになります（金額は妻の生年月日により異なる）。

さて、夫が死亡すると……遺族年金は報酬比例部分の4分の3に相当する金額です。夫の年金額全体の4分の3と思い違いしている人が多いので注意しましょう。夫が死亡すると収入が大きく減るのでちょっと心配ですね。年金事務所へ行くと、夫婦それぞれの年金額や加給年金などがわかりますから、このような図を作り世帯の年金収入がわかるようにしておくと安心です。

図5●年金受け取りの流れ（一例）

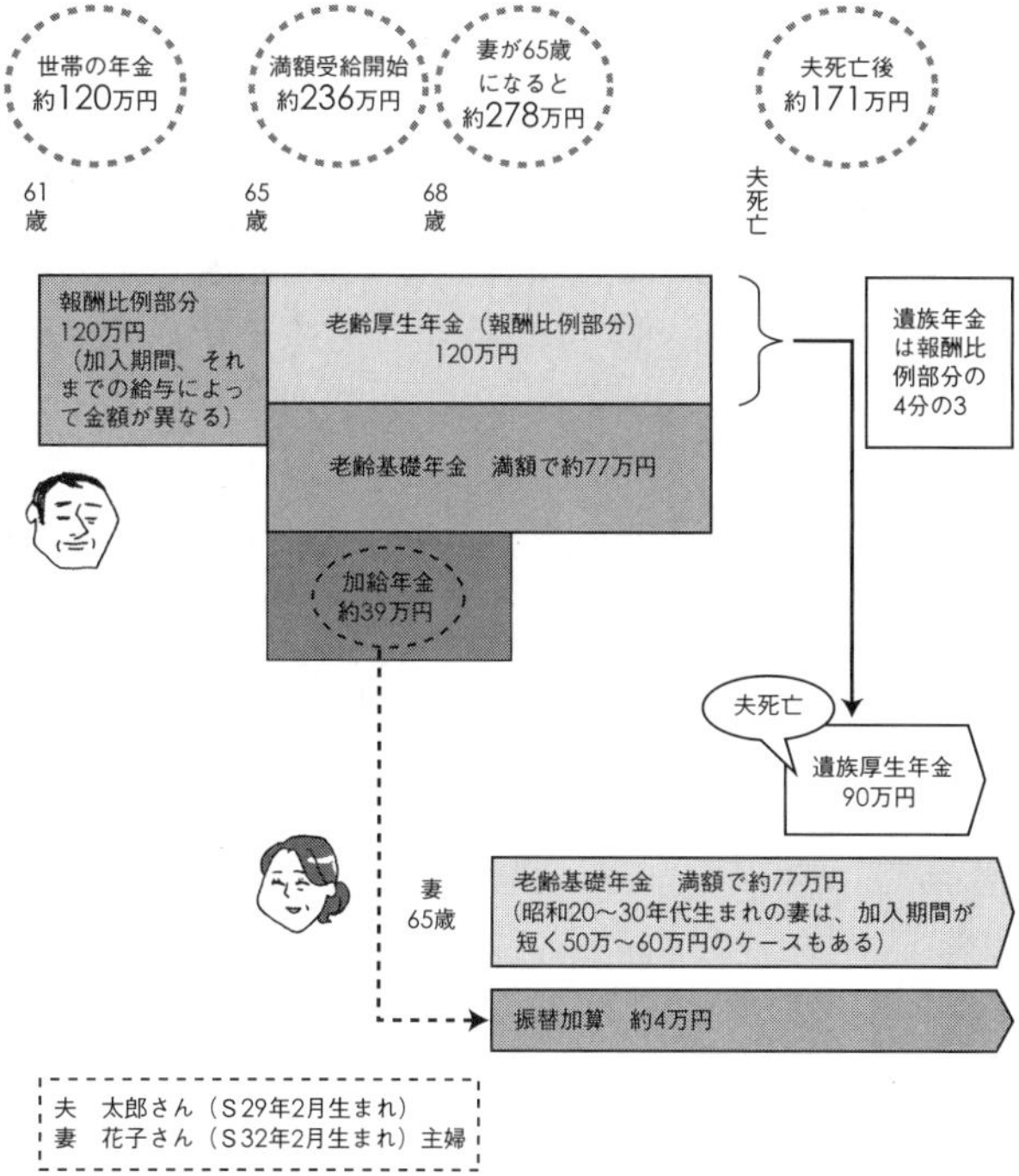
世帯の年金 約120万円
満額受給開始 約236万円
妻が65歳になると 約278万円
夫死亡後 約171万円
61歳
65歳
68歳
夫死亡
報酬比例部分 120万円 （加入期間、それまでの給与によって金額が異なる）
老齢厚生年金（報酬比例部分） 120万円
遺族年金は報酬比例部分の4分の3
老齢基礎年金　満額で約77万円
加給年金 約39万円
夫死亡
遺族厚生年金 90万円
妻 65歳
老齢基礎年金　満額で約77万円 （昭和20～30年代生まれの妻は、加入期間が短く50万～60万円のケースもある）
振替加算　約4万円
夫　太郎さん（S29年2月生まれ）
妻　花子さん（S32年2月生まれ）主婦

※年金額等は人によって異なります。

# 60歳以降も働く場合の年金制度を知っておく

## 給与とボーナスと年金の合計によっては減額される

定年後も働き続けて厚生年金を受け取ると、給与とボーナスの額によっては年金額が減額されるのが「在職老齢年金制度」。一定のルールがあるので、あらかじめ知っておきましょう。

年金が減額されるのは、給与と年金額の合計が基準の金額を超えたとき。

【基準金額】

毎月の給与とボーナスを足した年収を12で割った金額（A）＋加給年金を除いた老齢厚生年金額を12で割った金額の合計（B）

この金額が、64歳以下の場合は28万円超、65歳以上では46万円超なら年金額が減額されます。

減額の仕組みは年齢や収入によって計算式が異なりますが、おおまかにいって基準金額の超過部分の2分の1にあたる年金がカットされます。

たとえば60代前半の給与が20万円、ボーナスが年間60万円、年金額が年120万円のケースで考えてみましょう。

A　年収の1ヵ月分＝（20万円×12＋60万円）÷12＝25万円

B　1ヵ月あたりの年金額10万円

AとBの合計額は35万円なので、年金は減額対象。28万円の超過分7万円の2分の1にあたる3万5000円（年42万円）、年金が減ることになります。

長年年金保険料を払い続けたのに年金が減額されるというのは、釈然としないかもしれませんが（お気持ちはわかります）、減額されたとしても、働いたほうが確実に世帯収入は増えることを忘れずに。60代前半は、報酬比例部分の年金のみの受給なので、収入を増やすためにも働き続けるのが現実的です。

それに60歳以降も厚生年金に入り続けることで、完全リタイアした後に受け取る年金額が増えるメリットもあるのです。

## 年金生活者の確定申告

### 確定申告をすると税金が戻ってくることが

会社勤めをしていると、所得税・住民税の納税は勤務先が行ってくれるため、現役時代はほとんどの人が確定申告とは無縁だったことでしょう。毎月の給与から少しずつ多めに源泉徴収された所得税は、「年末調整」により戻ってきました。

さて、年金生活では、厚生年金や共済年金が一定額以上になると、年金からも所得税が源泉徴収されます。この場合、収入が年金だけなら、確定申告の義務はありません。

しかし、源泉徴収をする際、国民健康保険料などの社会保険料は考慮されていないため、確定申告をすると税金の還付が受けられる場合があります。生命保険や地震保険の保険料控除や医療費控除を受ける際も確定申告をします。

これまでは、税金のことは勤務先が代行してくれることが多かったので、確定申告になじみがないかもしれませんが、慣れると面倒なことはありません。毎年の行事と思って取り組みましょう。

確定申告は、2月16日から3月15日までとなりますが、還付申告は1月から受け付けていますので、税務署が混み合う前にすませてしまうといいでしょう。

用意するものは、次の通りです。
・確定申告書（年金収入だけなら「申告書A」）
・印鑑
・公的年金等の源泉徴収票（日本年金機構から1月末頃に送付）
・還付金を受け取る銀行等口座番号
・控除を受けるための書類（社会保険、生命保険、地震保険などの保険料控除証明書や医療費控除の明細書など）
インターネットで電子申告も可能ですし、管轄の税務署にあるタッチパネル方式の自動申告書作成機を利用する方法もあります。

## お金歳時記の使い方

次ページにあるお金歳時記は、私がＦＰになって間もない頃に知り合いの大工さんの奥さんに作ってあげたものが、もとになっています。自営業者は、会社員と違って税金や社会保険料を自分で納めなくてはならないし、月々決まったお給料がないため、資金繰りが大変です。毎月の支払いを一覧で管理できるようにと作ってプレゼントしたら、とても便利だと喜んでもらえました。

今回、定年後のお金の本を執筆するにあたり、年金生活者も自営業者同様に資金繰りの感覚が必要なんだと痛感しました。ボーナスはなくなり、収入の柱となる年金は偶数月だけの振り込み、税金や社会保険料の支払いはランダムにあります。勤務先に頼る部分の多かった会社員やその奥さんにとってみると、これが慣れるまで大変。おろおろしている間に定年後資金を減らしてしまわないためにも、ぜひ活用してくださいね。家族の行事にかかるお金も記入できるようにしてあります。

使い方●１年間の収入、および支出の予定を記入しておきます。保険料や税金、各種行事の支出など、１年間の大きな支出を把握しておくことで、毎月の予算管理もしやすくなります。行事支出には、旅行や法事、お祝い事のほか、家具や電化製品の買い換えなど、まとまった金額の支出の予定がわかった時点でその金額を記入しておきましょう。

| 日付 | 4月 | | 日付 | 5月 | | 日付 | 6月 | |
|---|---|---|---|---|---|---|---|---|
| | 夫の年金収入 | | | | | | 夫の年金収入 | |
| | 妻の年金収入 | | | | | | 妻の年金収入 | |
| | その他（ ） | | | その他（ ） | | | その他（ ） | |
| | その他（ ） | | | その他（ ） | | | その他（ ） | |
| | | | | | | | | |
| | 今月の収入合計額 | | | 今月の収入合計額 | | | 今月の収入合計額 | |
| | 国民年金保険料 | | | 国民年金保険料 | | | 国保保険料 | |
| | 固定資産税1回目 | | | 自動車税 | | | 国民年金保険料 | |
| | | | | | | | 住民税1回目 | |
| | | | | | | | | |
| | | | | | | | | |
| | | | | | | | | |
| | | | | | | | | |
| | | | | | | | | |
| | | | | | | | | |
| | 新入学・進学 | | | 端午の節句 | | | | |

| 日付 | 10月 | | 日付 | 11月 | | 日付 | 12月 | |
|---|---|---|---|---|---|---|---|---|
| | 夫の年金収入 | | | | | | 夫の年金収入 | |
| | 妻の年金収入 | | | | | | 妻の年金収入 | |
| | その他（ ） | | | その他（ ） | | | その他（ ） | |
| | その他（ ） | | | その他（ ） | | | その他（ ） | |
| | | | | | | | | |
| | 今月の収入合計額 | | | 今月の収入合計額 | | | 今月の収入合計額 | |
| | 国保保険料 | | | 国保保険料 | | | 国保保険料 | |
| | 国民年金保険料 | | | 国民年金保険料 | | | 国民年金保険料 | |
| | 住民税3回目 | | | | | | 固定資産税3回目 | |
| | | | | | | | | |
| | | | | | | | | |
| | | | | | | | | |
| | | | | | | | | |
| | | | | | | | | |
| | | | | | | | | |
| | | | | 七五三 | | | お歳暮　クリスマス　お正月準備<br>お年玉 | |

上記と異なる場合があります。

# 1年間のお金の流れをつかむ「お金歳時記」

※このシートの PDF をプレゼント。ダウンロード方法は巻末参照

## ●お金歳時記　Money calendar

| | 日付 | 1月 | | 日付 | 2月 | | 日付 | 3月 | |
|---|---|---|---|---|---|---|---|---|---|
| 収入 | | | | | 夫の年金収入 | | | | |
| | | | | | 妻の年金収入 | | | | |
| | | その他（　） | | | その他（　） | | | その他（　） | |
| | | その他（　） | | | その他（　） | | | その他（　） | |
| | | | | | | | | | |
| | | 今月の収入合計額 | | | 今月の収入合計額 | | | 今月の収入合計額 | |
| 固定支出 | | 国保保険料 | | | 国保保険料 | | | 国保保険料 | |
| | | 国民年金保険料 | | | 国民年金保険料 | | | 国民年金保険料 | |
| | | 住民税4回目 | | | 固定資産税4回目 | | | | |
| | | | | | | | | | |
| 行事支出 | | | | | | | | | |
| | | | | | | | | | |
| | | | | | | | | | |
| | | | | | | 確定申告 | | | |
| | | | | | ← | 2月16日～3月15日まで | | | → |
| 歳時記 | お正月　成人の日 | | | バレンタインデー | | | ひな祭り　お彼岸 | | |

| | 日付 | 7月 | | 日付 | 8月 | | 日付 | 9月 | |
|---|---|---|---|---|---|---|---|---|---|
| 収入 | | | | | 夫の年金収入 | | | | |
| | | | | | 妻の年金収入 | | | | |
| | | その他（　） | | | その他（　） | | | その他（　） | |
| | | その他（　） | | | その他（　） | | | その他（　） | |
| | | | | | | | | | |
| | | 今月の収入合計額 | | | 今月の収入合計額 | | | 今月の収入合計額 | |
| 固定支出 | | 国保保険料 | | | 国保保険料 | | | 国保保険料 | |
| | | 国民年金保険料 | | | 国民年金保険料 | | | 国民年金保険料 | |
| | | 固定資産税2回目 | | | 住民税2回目 | | | | |
| | | | | | | | | | |
| 行事支出 | | | | | | | | | |
| | | | | | | | | | |
| | | | | | | | | | |
| | | | | | | | | | |
| | | | | | | | | | |
| 歳時記 | お中元（地域によっては8月） | | | お中元（地域によっては7月）子どもの帰省お迎え　お盆の墓参り | | | お彼岸 | | |

★住民税、固定資産税、自動車税などの地方税については、各都道府県または市町村の条例により納期が定められますので、

## 年金額が減っている！

この数年、公的年金の支給額が減っています。「マクロ経済スライド」という聞き慣れない制度が実施されると、年金引き下げはさらにきびしいものになると言われています。公的年金に何が起こっているのでしょうか。

そもそも公的年金の金額は、物価変動があると改定されます。物価が上がると年金額は増える、下がると減るという仕組みです。たとえば、物価が前年より０・３％下がったら、年金額は４月分から０・３％引き下げられるといった仕組みです。

デフレが続いていた頃は、毎年のように年金額の引き下げが実施されてきました。これだけでもため息が出る話ですが、２０１３年から２０１４年にかけて別の要因で年金額の引き下げがされました。過去に物価変動に合わせて年金額の引き下げを行わなかった時期があったため、いま年金をもらっている人たちの年金額は、本来の支給水準に比べ高い水準になっているのですが、特例により据え置かれていました。

年金財政は、とてもきびしい状況です。国は、2013年の時点で2・5%割高となっていた支給水準を解消するために、2013年から2015年にかけて、毎年支給額を下げることにしました。老齢基礎年金、老齢厚生年金や共済年金のみならず、遺族年金も同様に引き下げられています。

特例水準が解消された後は、「マクロ経済スライド」という仕組みが実施される可能性が高く、これが発動されると、さらに年金額が減ることになるでしょう。

「マクロ経済スライド」とは、耳慣れない言葉かもしれませんが、今後の年金生活に大きな影響を与える制度なので、おおまかでも仕組みを知っておく必要があります。

これは、物価や賃金だけでなく、現役世代や引退世代の人口の増減に合わせて1人あたりの年金支給額を自動的に調整する仕組みで、発動されると物価に対して年金が目減りする可能性が出てきます。

「マクロ経済スライド」では、将来物価が上がった場合でも、年金額は物価上昇率よりおおむね0・9%差し引いた分しか増えない仕組みです。物価が1%上昇しても、年金額の引き上げは0・1%に留まるということ。反対に物価が1%下がった場合、年金額は1%下がります。年金制度の維持のために考えられた仕組みですが、なかなかシビアな仕組みですね。実施時期は未定ですが、「知らなかった」では済まされない制度ですから、今後は新聞報道などを注意深く読み、仕組みを理解するよう心がけましょう。

また、今後は金融機関から「公的年金は物価上昇に追いつかない。資産の目減りを防ぐためには投資をはじめましょう」などといった勧誘が増えることが大いに予想されます。不安を煽られて投資をはじめた人で成功した人はいません。現段階で資産運用に興味がない人も、第3章の『「減らさない」退職金運用のポイント』をご一読ください。資産運用の失敗を防ぐコツは、知っておいてソンはありませんよ。

第2章

# 退職金と年金を減らすのは、「医療保険病」

Point 2

# 「病気にかかるお金の心配は、『健康保険』を知って解消しよう」

定年前後の方は、第3章で触れる「退職金運用病」のほかに「医療保険病」にもかかりやすくなります。

「子どもたちは独立したから高額な死亡保障はもう要らない。その分、十分な医療保険に入って老後に備えよう」

多くの方、というよりも、ほとんどの方がこのように考えます。

しかし、月額保険料が5000円の医療保険に夫婦で加入すると、月1万円の負担。終身医療保険に入り60歳から80歳

まで払ったとすると、20年間で240万円もの出費になります。

なかには、安心を買うためなら一人月1万円くらいの保険料を払ってもいいと言う人も。その場合は、夫婦で480万円の保険料を負担することになります。

それだけの保険料を支払って、病気にかかるお金のすべてを医療保険でカバーできるならいいのですが、そうでもないことをみなさんはご存じない。民間医療保険は、原則として入院や手術をしたときにお金が受け取れる商品です。外来で治療費がかさんでも給付金は出ませんし、さらに入院日数には上限が設けられていて、長期入院するとすべての日数をカバーできないことも……。

病気になったとき、頼りになるのは、まず健康保険、次に年金収入や貯蓄、3番目に民間医療保険と覚えておきましょう。

公的な健康保険には自己負担額が一定額を超えると超過分について払い戻しが受けられる「高額療養費制度」があります。自己負担限度額は年齢や所得によって異なりますが、一般的な所得の人なら、1ヵ月間入院しても9万円前後の負担ですみます。

漠然とした不安から医療保険に入り、保険料出費で定年後資金を大きく目減りさせないためには、公的制度の内容や民間保険の支払いルールをよく知ることが大切です。

# 10万円あったら1ヵ月入院できる

## 高額療養費制度を理解しよう

退職者向けセミナーの講師をつとめる際、「病気にかかるお金に備えるには、まず健康保険を知ることですよ」と高額療養費制度の説明をします。その後アンケートを見ると、みなさん「医療費は考えていたほどかからないことを知って驚いた」と書かれます。健康保険は頼りになるので、制度をよく理解して使いこなしましょう。

病院窓口での負担割合は、69歳までは原則として3割で、70歳以上は年齢と所得により1～3割です。病院で1～3割の金額を支払ったとしても、自己負担には「高額療養費制度」により限度額が設けられていて、超過分の払い戻しが受けられます。限度額は、70歳を境とした「年齢区分」と「所得区分」により決められています。

70歳未満の一般的な所得の人が入院をして、1ヵ月に100万円の医療費がかかったとすると、窓口では3割の30万円を支払いますが、自己負担の限度額は8万7430円となります（図6の計算式を参照）。いったんは3割の30万円を支払っているわ

## 図6●70歳未満の自己負担限度額

| 所得区分 | 1ヵ月(暦月)の上限<br>(自己負担限度額) | 過去12ヵ月に該当月が4回あった人の4回目以降の限度額※2 |
| --- | --- | --- |
| **一般**<br>(上位所得でも低所得でもない人) | 8万100円＋<br>(医療費−26万7000円)×1% | 4万4400円 |
| **上位所得者**<br>(会社勤めなら月収53万円以上、国保では世帯総所得※1が600万円以上の人) | 15万円＋<br>(医療費−50万円)×1% | 8万3400円 |
| **低所得者**<br>(住民税非課税世帯の人) | 3万5400円 | 2万4600円 |

※1 世帯合計所得金額−住民税の基礎控除額(33万円)

※2「多数該当」といいます

## 図7●高額療養費の仕組み

1ヵ月100万円の医療費がかかったら、
窓口で3割の30万円を支払っても、
21万2570円が払い戻しされる

(60代・一般的な所得の人のケース)

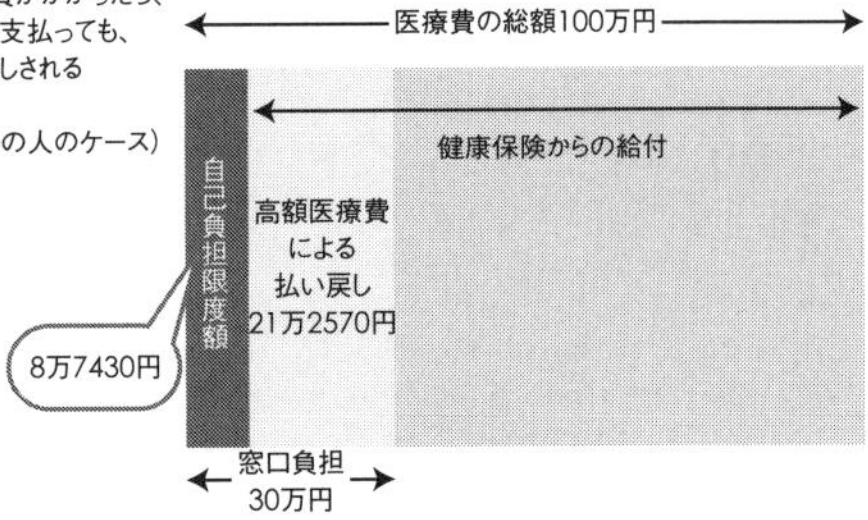


自己負担限度額は上の計算式にあてはめると……
8万100円＋(100万円 −26万7000円)×1%＝ 8万7430円

けですから、役所で申請することにより超過分（30万円－8万7430円）の21万2570円が返ってくるのです（図7参照）。

みなさん入院をすると多額の医療費がかかると思っていますが、実際には1ヵ月入院しても医療費は10万円弱の負担ですむのです。入院して医療費の限度額以外にかかるものには、食事代の自己負担分や差額ベッド代などがあります。

## 70歳を過ぎると自己負担額はさらに下がる

### 外来と入院とで限度額は異なる

70歳を過ぎると、窓口負担も高額療養費制度による限度額も下がります。

窓口での負担割合は、70歳から74歳までは原則として2割負担、75歳からは1割負担です。70代前半で昭和19年4月1日までの生まれの人は、特例措置により1割負担となります。このように70歳以上は、2割ないし1割負担が原則ですが、住民税の課税所得145万円以上などの場合は「現役並みに所得がある」とみなされ、3割負担となります。

自己負担限度額も60代のときより引き下げられます（図8参照）。外来と入院した場合では、限度額が異なる点がわかりにくいので注意が必要ですが、限度額を超えているかどうかは、役所の国保係に聞くとすぐに調べてくれますので、活用するといいでしょう。

## 「現役並み所得者」となっても「一般」になれる可能性がある

前述の通り70歳以上の「現役並み所得者」は、窓口負担は3割、自己負担限度額も「一般」よりも高く設定されています。

しかし、夫婦のどちらかの課税所得が145万円以上であったとしても、夫婦の合

図8●70歳以上の自己負担限度額

| 所得区分 | 外来（個人ごと） | 外来＋入院（世帯単位） | 過去12ヵ月に該当月が4回あった人の4回目以降の限度額※ |
|---|---|---|---|
| 一般 | 1万2000円 | 4万4400円 | 4万4400円 |
| 現役並み所得者 | 4万4400円 | 8万100円＋（医療費－26万7000円）×1％ | 4万4400円 |
| 低所得者Ⅰ | 8000円 | 2万4600円 | 2万4600円 |
| 低所得者Ⅱ | | 1万5000円 | 1万5000円 |

★現役並み所得者とは：課税所得が年間145万円以上、かつ夫婦年収520万円（単身世帯は383万円）以上

※多数該当

計年収が520万円未満（単身世帯は383万円未満）なら、役所に申請することで所得区分を「一般」に変えることができます。

所得区分が変更になると、窓口負担も1ヵ月の限度額も低くなるわけですから、見落としてはいけない手続きです。お住まいの自治体のホームページで「70歳以上の医療」「現役並み所得者」「申請により負担が変わる人」と検索すると要件が出ていますす。それを確認したうえで、役所に問い合わせましょう。

# 払い戻しを受けるには「申請」を忘れずに！

## 通知してくれるかどうかの確認を

「高額療養費制度」は、「申請ベース」であり、知らずに申請しないと超過分の払い戻しは原則として受けられないので注意しましょう。

役所によっては「お宅は高額療養費に該当していますよ。役所に手続きにきてください」と書類で通知してくれるところもありますが、残念ながら通知してくれるのはすべての市区町村ではありません。

まず、ご自身がお住まいの市区町村が「通知する」か「通知しない」のかを役所の国保係で確認してください。通知がくるなら通知がきたら申請すればいいです。通知がこないなら、家計簿などを使って、毎月の自己負担額を集計するのを習慣化しましょう。世帯で自己負担額が多い月があったら、役所に電話をするといいでしょう。気持ちよく調べてくれるはずです。

69歳までの人は、過去12ヵ月に高額療養費の支給が4回以上になると、4回目からおおむね半分くらいの金額まで限度額が引き下がります（図6の「多数該当」を参照）。

また、同じ月に同一世帯で2万1０００円以上の窓口負担があると、それらを合算して限度額を再計算し、自己負担限度額の超過分の払い戻しが受けられます（世帯合算）。

# 書類1枚で、入院費支払いがラクになる

## 書類を出すと立て替え払いが不要に

60代の一般的な所得の人は「高額療養費制度」により、医療費の自己負担は9万円前後となりますが、窓口ではいったん3割を支払います。3割負担とはいっても、手術をすると30万〜40万円になることもあり、現金の手当てをするのが大変です。

そこで入院については、ある書類を1枚病院に提示すれば、9万円前後の自己負担額だけを支払えばすむ制度が導入されました。これにより3割相当額の立て替え払いをしなくてもすむようになりました。とても便利な制度なので、入院時には必ず活用しましょう。

書類は「限度額適用認定証」という所得区分が記号で明記されているもので、加入の健

康保険から取り寄せます。国民健康保険なら、役所の国民健康保険の窓口、定年後も働いている、または在職中の勤務先の健康保険を任意継続しているなら、保険証にある電話番号にかけて問い合わせると手続き方法を教えてくれます。

# 入院するといくらかかる?

## 医療費以外でかかる費用をチェック

高額療養費制度により医療費は青天井でかかるわけではなく、自己負担限度額が設けられていることがわかりました。では入院すると、どのくらいお金がかかるのでしょうか。60代を例にみてみましょう。

医療費以外にかかるものは、食事代の自己負担分(1食260円・1日780円)、家族の交通費、入院中の雑費などです。

まるまる1ヵ月入院したとすると、医療費約9万円＋食事代自己負担約2万500

0円＋雑費数万円で、13万〜15万円くらいと見積もることができます。

もっとたくさんお金がかかると思っていませんでしたか？　意外と少ないですね。漠然とした不安は、具体化することで解決策が見つかります。病気にかかるお金の備えは、健康保険の内容を知ることがポイントとなります。

医療費の自己負担限度額は、「上位所得者」に該当すると、約15万円となりますが、年金収入だけの退職者の場合はまず該当しませんのでご安心を。国民健康保険加入の場合、上位所得者とは、「世帯の所得合計（総所得から住民税基礎控除33万円を差し引いた額）が600万円以上」ですから、年金収入だけならまず該当しません。

70代になると限度額は下がります。60代のうちは、医療費は1ヵ月（1〜31日）に9万円前後と覚えておくといいでしょう。

# 知っておきたい差額ベッド代のこと

## 差額ベッド代を払わなくてもいい場合がある

入院してお金がかかった人の支出内訳を尋ねると、差額ベッド代の負担が大きいようです。都市部の個室だと1日1万～2万円というケースも少なくありません。

この差額ベッド代、治療の必要があった場合には、払う必要がないことをご存じでしょうか。

通常、6人部屋などの大部屋には差額ベッド代はかかりません。1病室4ベッド以下だと「差額ベッド代」がかかる仕組みです（4人部屋が大部屋の場合もあります）。差額ベッド代は、高額療養費の払い戻し対象外で、病院が金額を自由に定めることができ、実費がかかります。

患者が個室や2人部屋など差額ベッド代がかかる部屋を希望した場合は、もちろん料金を支払う必要があります。

## きちんと説明することが大事

では、払わなくていいのはどんな場合でしょうか。手術後、数日間にわたって病状確認のため個室で治療を受けるなど、「治療上の必要」による個室などの利用の際、病院側は患者に差額ベッド代を請求することはできません。

厚生労働省の医療通知によると、差額ベッド代を支払う必要性があるのは「医療者が患者に十分な情報提供を行ったうえで、患者自らが特別室（＝ベッド代がかかる部屋のこと）を希望し、同意書に署名したとき」とあります。

治療上の必要があって特別室に入り、病院から差額ベッド代を請求されたら……。

多くの人は請求されたら支払うものだと考えるでしょうが、本来払う必要がないものであれば、病院にその旨を言ってみるのも一法です。

私の叔父は家族と離れたところで暮らしているときに脳疾患で倒れ、意識のないまま個室で治療を受け、1日2万円の個室代を請求されました。

本人に意識がなかったので「患者自らが個室を希望」したわけではありませんし、あくまで治療上の必要があってのこと。

叔父の家族がそのあたりを病院にていねいに説明したら、請求は取り下げられ、個室代は支払わなくてすみました。3ヵ月間個室に入っていましたから、そのまま支払っていたら180万円でした！

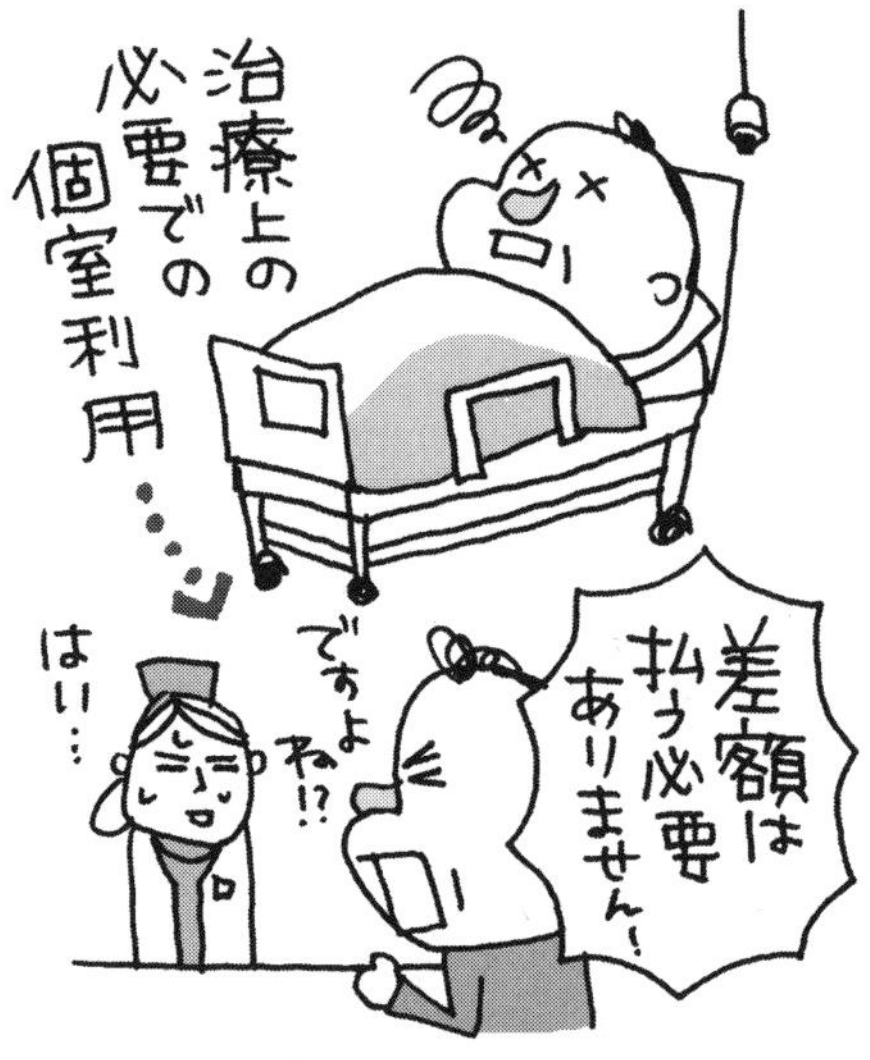

# 民間医療保険は、万能ではない

## 「1入院ルール」を知っておこう

多くの人が忘れがちなのは、民間の医療保険は、入院や手術をしないと給付金がもらえないこと。外来での治療費や薬代は、年金収入や貯蓄から捻出することになるのです。しかも近年は、医療技術の進歩と医療費削減のため、以前なら入院が必要だった治療が外来で行えるようになり、外来治療費の負担が増えています。

病気にかかるお金に効率よく備えるには、医療保険に払う保険料を抑え、年金や貯蓄を減らさないことです。

それから、医療保険の給付金の支払いルールはあらかじめ知っておきましょう。入院給付金には「支払限度日数」が設けられています。1入院限度日数と通算限度日数があり、1入院限度は商品によって「60日型」または「120日型」などがあり、共済商品は「180日型」です。保険会社が決めた独自のルールがあり、同じ病気や関連する病気で入退院を繰り返すと、退院から次の入院まで180日を経過していない

図9●医療保険の「1入院」のカウントの仕方

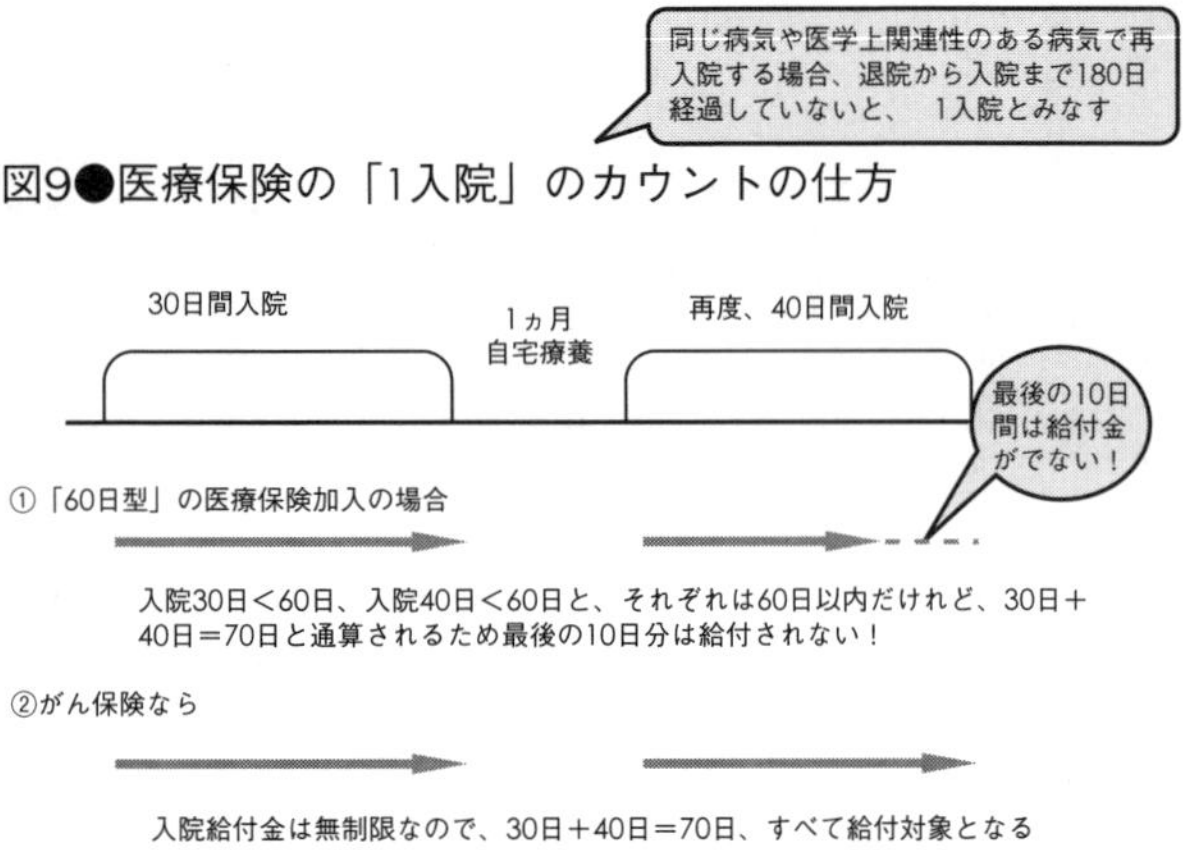
同じ病気や医学上関連性のある病気で再入院する場合、退院から入院まで180日経過していないと、1入院とみなす
30日間入院
1ヵ月
自宅療養
再度、40日間入院
最後の10日間は給付金がでない！
①「60日型」の医療保険加入の場合
入院30日＜60日、入院40日＜60日と、それぞれは60日以内だけれど、30日＋40日＝70日と通算されるため最後の10日分は給付されない！
②がん保険なら
入院給付金は無制限なので、30日＋40日＝70日、すべて給付対象となる

と「1入院」とみなされます。

たとえば、60日型の医療保険に入っていて、30日間入院後、1ヵ月の自宅療養を経て再度40日間入院した場合、それぞれの入院は60日以内ですが、トータル70日の入院とみなされるので、最後の10日間は入院給付金が受け取れないのです（図9参照）。入院が長期になったときほど、医療保険に頼りたいものですが、頼らせてくれない……あらかじめ知っておきたい医療保険のルールです。

ちなみにがん保険の入院給付金は、日数無制限で支払われます（もちろん、がん入院だけが対象）。退職後の医療保障には、入院が長期になるかもしれないが

んにがん保険で備え、がん以外の病気には、原則として年金や預貯金で備えるというプランをおすすめしています。

医療保険に月5000〜1万円くらいの保険料なら払ってもいいと考える人が多いのですが、仮に月5000円でも60〜80歳までの20年間なら120万円、夫婦2人分なら240万円も払うことになり、その分退職金が目減りします。これからの医療費のそなえは、貯蓄が中心となると考えたほうがいいでしょう。

# その他知っておきたい医療保険のルール

## 手術給付金の請求もれに注意！

死亡保障タイプの生命保険や個人年金に「入院医療特約」を付けている場合、手術給付金の請求もれには注意しましょう。

通常、保険証券に「入院医療特約」と標記されている場合、入院給付金だけではなく手術給付金も受け取れます。入院当初4日間が免責のタイプで3日間入院して手術を受けると、入院給付金はもらえませんが、手術給付金は受け取れるのです。日帰り手術も対象となる保険会社がほとんどです。

このことを知らないと請求もれになってしまいます。年に1回「契約内容の確認」といった資料が郵送されますから、保障内容のページをよく読んでみることをおすすめします。

## 外来での医療費は「通院特約」でカバーできる？

ほぼできないと考えたほうがいいでしょう。通院特約の支払い要件は、「入院給付金の支払われる入院をした後の通院かつ、入院の原因になった病気・ケガの治療のための通院をしたとき」です。

さらに「退院後120日以内の通院」と条件を付けている会社もありますし、なにより1回に付き3000~5000円程度と少額ですから、あまり頼りになりません。請求もれが多いため、通院特約を廃止する会社も増えています。

共済商品や損保会社の一部には、入院しなくても通院給付金が出る商品もありますが、生保会社の商品は「入院後の通院」が基本と覚えておきましょう。

## 保険に入るときの「告知書」に正直に書かなかった……

医療保険に加入するとき、「告知書」に過去の病歴などを記入します。それを正確に行わないことを「告知義務違反」といいます。

告知義務違反をすると、保険金や給付金が支払われない可能性があるうえ、保険会社は契約を解除できることになっています。解除されるとそれまで支払った保険料は戻ってきません（解約返戻金があればそれが戻ってきます）。

「告知義務違反は2年経てば大丈夫」などと言う人がいますが、ケースバイケースで必ずしもそうとは限りません。場合によっては保険会社は契約を解除することもあります。

保険を保険として頼りにしたいなら、告知は正直に正確に行いましょう。

## 検査のため入院をしました。幸い異常なしだったのですが、給付金はもらえる？

入院給付金はもらえません。医療保険の約款上、入院給付金は「病気・ケガの治療を目的として入院した場合」に支払うとされています。ですから検査入院は、原則として支払いの対象外となるのです。

検査で病気が見つかり、そのまま治療のため入院といった場合は、給付金が受け取れることもあります。まずは、保険会社のお客様相談窓口に電話をして問い合わせるといいですね。

# 話題の「先進医療特約」が気になります

## 適用される確率は極めて低い

「先進医療」とは、大学病院などが実施している先端的医療のうち、健康保険を適用すべきか検討段階にある医療技術のこと。医療保険の「先進医療特約」は、厚生労働省が定めた約１００種類の治療だけが給付の対象となります。

健康保険がきかない高額な医療費をすべてカバーする特約ではないことは知っておきたい点です。

医療保険のパンフレットには「がんになって重粒子線治療（放射線治療の一種）を受けると約３００万円かかるのを先進医療特約で全額カバー」などとあります。このようなフレーズを読むと、特約を付けておかないと心配に思うでしょうが、約１００種類のうち、医療費が２００万円、３００万円にもなる治療はわずかです。さらに先進医療は厚生労働省が定めた病院でしか治療を受けることはできません。ひとつの先進医療に対し、１病院しか認められていない技術もあります。

ですから、この治療を受ける確率はとても低い。確率が低いので、特約保険料はわずか月100円程度です。安い保険料で大きな保障が得られるということは、保険として効率がいいので付けていい特約なのですが、特約欲しさに不要な保障がてんこ盛りの保険に加入すると結果として全体の保険料が高くなり、本末転倒です。シンプルな保障で全体の保険料が安い保険を選ぶことのほうが重要です。

# 医療保険の保険料を安くするポイント

## 入院と手術の2つだけカバーするとよい

医療保険に入るなら、定年後資金を減らさないためにも、保険料を抑えつつ効率的な加入をしたいものです。ポイントを見てみましょう。

①保障内容

「入院給付金」と「手術給付金」の2つがあれば十分です。死亡保険金や生活習慣病

## ●医療保険選びのポイント

①保障内容
「入院給付金」と「手術給付金」のみのシンプルな商品がいい

②入院日額
日額5000円で十分

③手術給付金
ここは節約しない。「一律5万円」よりも「入院日額の10・20・40倍」タイプを選ぼう

④1入院限度日数
主流は60日・120日。保険料を抑えるなら60日型。ただし、がんで長期入院するとカバーできないことも。共済は180日と保障が厚い割に掛け金が安いのでねらい目

特約、女性疾病特約などをつけると保険料が高くなります。保障を絞り、保険料を抑えましょう。

②入院日額

1日あたりの入院日額は、5000円で十分。日額1万円にすると、保険料は単純に2倍になります。入院せずに医療費がかかることもあるので、入院保障は5000円として保険料支払いを節約しましょう。

③手術給付金

この特約は大事です。入院は国の政策上、短期化の傾向にありますが、短期の入院でも手術を受けると医療費は高額になります。入院費用の大半をカバーする

のは、入院給付金ではなく手術給付金ともいえます。

「手術の内容により、入院日額の10倍、20倍、40倍のいずれか」というタイプが主流ですが、最近発売になった商品のなかには、「手術は一律5万円（または10万円）」というものもあります。その分保険料が安いのですが、ここは節約すべきところではありませんので、「入院日額10・20・40倍」の商品を選びます。

④1入院限度日数

いくつかの種類がありますが、大別すると60日型か120日型です（共済は180日型）。入院は短期化の傾向にあるので、おおむね60日型でカバーできると思いますが、がんで入退院を繰り返すケースだと、60日型では心許《もと》ないかもしれません。

ひとつの医療保険でがん入院もカバーしたいと考えるなら、120日型もしくは180日型の共済がいいでしょう。入院日数無制限のがん保険に別途加入するなら、がん以外の病気については、保険料が割安な60日型を利用すると合理的です。

## 「10万円なら持っているよ!」

ある退職者向けのセミナーの終了後のこと。参加者のお一人の男性が私をロビーで待っていました。なぜか顔が怖い。怒っているように見えます。以下、その方とのやりとりです。

**男性**「10万円あれば、1ヵ月入院できるんですよね?」

**深田**「はい、セミナーでお話ししたように健康保険の高額療養費制度がありますから」

**男性**「よく入院して何百万円もかかった話を聞くけど、それはどういうこと?」

**深田**「いろいろなケースがありますが、払い戻しを受ける前の話が人づてに伝わってきたり、そもそも高額療養費制度を知らずに払い戻し申請をされていなかったりということがあるかもしれませんね」

**男性**「定年後の医療費が心配で、このところ民間医療保険を調べていたけれど、今日の話を聞いて入る必要ないと思った。だって、10万円なら持っているから！」

とおっしゃって会場を後にしました。

どうやら私に対して怒っているのではなく、制度を知らずにいたご自身に対する苛立ちや、制度が周知徹底されていないことのお怒りだったようです（それがわかって、ほっとしました）。

実際には2ヵ月入院すると2倍の20万円程度ですし、雑費を考慮するともう少しかかるかもしれませんが、その男性は「医療保険にお金をかけなくても、自分の持っているお金の範囲内で何年も入院できる」ということがわかり、端的に「10万円なら持っているよ」とおっしゃったのです。なかなか名言だと思いました。

# 第3章

# 「減らさない」退職金運用のポイント

Point 3

# 「退職金の運用で〝大失敗〟しないようにする！」

退職金やそれまで貯めてきた定年後資金を「減らさない」ための3つ目のポイントは、「退職金運用病を自覚すること」です。

退職するまで投資など資産運用に興味のなかった人でも、まとまった金額の退職金を手にすると、少しでも殖やそうと「退職金運用病」にかかってしまいがちです。超低金利の預貯金ではごくわずかな利息しかつかないので、投資などをして運用をしないと「もったいない」と考えるようです。

この病気にかかった人は、まず金融機

関の支店に出向きます。そして「あまりリスクがなくて、そこそこ殖える商品を選んでください」と言って、売り手に商品選択を委《ゆだ》ねます。長年、個人の方のご相談を受けてきた私に言わせると、この言葉は絶対に「禁句」です。

投資信託が銀行や郵便局で販売されるようになってから、このような投資デビューを果たした人はたくさんいます。しかし、その多くは「売り手がそのとき売りたい商品」をすすめられるままに購入し、定年後資金を目減りさせています。

3000万円あった資産が、2000万円になってしまったケースは珍しくなく、「こんなことなら利息がつかなくても預金にしておけばよかった」とみなさん後悔なさっています。

問題なのは勉強せずに「売り手に商品を選んでもらったこと」。一見リスクが低く、おトクそうに見えても、仕組みが複雑な商品をすすめられた人は少なくないのです。残念ながら「あまりリスクがなく、そこそこ殖える商品」という都合の良い商品はありません。

また、仕組みを理解していないと、価格が急落したとき、どう対処していいのかわからなくなり、動揺してしまいます。精神的にも負担がかかりますね。

老後の資産運用で大切なのは、殖やすより「減らさない」こと。大失敗を避ける運用法はこのあと見ていきましょう。

# 数年分の生活費は元本保証で流動性を高める

## 必要なお金を使い勝手を考えて預ける

退職金を一時金受け取りにすると、まとまった金額が銀行に振り込まれます。通帳で「まとまった金額」を見ると、少しでも殖やしたいなぁと、最初に金融商品選びをしてしまいがち。

でも商品選びは、ちょっと待って！　その前に、「いつ、どのくらい使うのか」を大まかに考え、それに合わせて預け先や運用先を決めていきましょう。

年金生活に入ると、多くの人は年間収支がマイナスになります。マイナス分は手持ち資金や退職金を取り崩すことになりますから、マイナス分の5年相当額は、元本保証かつ流動性の高い商品を利用しましょう。

具体的には、銀行の普通預金や定期預金など。今年取り崩す分は普通預金に、来年以降の分は1年分ごとに口数を分けて定期預金にすると途中解約しなくてすみます。使い勝手を考えて、ちょっとした工夫をするのが肝心です。証券会社に口座があるなら、利回りが比較的よく、いつでも解約できるMMFやMRFもいいでしょう。

近いうちに、お子さんの結婚や住宅取得に資金面での援助を考えているなら、これらも流動性の高い商品に預けます。

金融資産全体から、数年分の収支マイナスの補てん用と子どもへの資金援助額を差し引いた金額が、運用に回せるお金です。はじめて投資をするなら、このうちの一部の金額を使って練習することからはじめましょう。

# 住宅ローンは退職金で完済する

## ローンの利息が年金や退職金を目減りさせる

　定年時に住宅ローンが残っているなら、退職金などで一括返済しましょう。完済をおすすめする理由は2つあります。1つは、ローンにかかる利息を払うのがもったいないからです。超低金利の状況では、ローンの利息以上に預貯金の利息を受け取れないので、返せるお金があるなら返してしまうのが得策。

　2つ目は、定年後の家計をシンプルなものにするためです。定年を迎えても、すぐに年金を受け取ることはできないので、60代前半は働く方が多いのが実状です。とはいっても、50代と比べて収入ダウンは避けられません。年間収支を赤字にしないためには、支出項目を絞り込むのが最善の策なのです。ここでは「住宅ローンは退職金で迷わず完済」と覚えておきましょう。

　ほとんどの住宅ローンには、返済中にローン契約者が死亡すると生命保険で残債が清算される「団体信用生命保険」がついています。70歳くらいまでのローンを持っていると「ローンを払い終える前に死んじゃうかもしれないから、退職金で完済するのはもったいないかも」と考える方がいます。

そう考えるのは男性（女性は長生きするつもりなので、そうは考えません）。しかし、根拠がないのですよね。末期がんなどで余命が宣告されたケースを除いて、原則一括返済がいいかと思います。少なくなった収入からローンの利息を支払うのは、年金や退職金を目減りさせることにつながるからです。

# 退職金を年金受け取りすると、税・社会保険料がアップする

## 1年あたりの年金額が多額になるほど、手取りの目減り率が高くなる

退職金の受け取り方法には「一時金のみ」「一時金＋一部を年金払い」「すべて年金払い」などいくつかのパターンがありますが、選択の自由度は勤務先によって異なります。一般に「一時金」よりも「年金払い」のほうが、受け取り総額は多くなります。引き続き退職金原資の運用がされるからです。「年金払い」の運用利率は、最近だと1～3％くらい（企業によって異なる）で、一時金を銀行の定期預金に預けるよりはるかに魅力的。

しかし注意したいのは、年金で受け取ると、所得税・住民税と、国民健康保険料や介護保険料の社会保険料負担もアップしてしまうこと。たとえば、勤続38年で退職一時金が2700万円なら、税引き後の手取額は約2650万円です。一時金で受け取

らず10年間年率2％で運用される年金払いにすると、1年あたり約300万円、総額で3000万円となります。年金払いのほうが魅力的に見えますね。

しかし、企業年金は公的年金と合わせて雑所得として課税されます。たとえば公的年金収入が200万円だと税・社会保険料は年間16万円程度ですが、前述の企業年金が上乗せされると税・社会保険料は合計で年間約80万円もかかります（東京23区在住のケース）。運用益を上回る負担増となってしまいます。どちらがトクかは、企業年金の運用利率、年金額、国保・介護保険料率によってケースバイケースですが、1年あたりの年金額が多額になるほど、手取り目減り率が高くなることを覚えておきましょう。年金払いを選択するなら、一部にとどめておくほうが無難かと思います。

# 退職金の預け先に注意！
# 一見おトクに見えるけど、おトクじゃない商品

## ①「銀行の円定期預金セット商品」は受け取り利息と手数料を比較

超低金利の今、退職金の預け先を考えているとき、「年率6％の円定期預金」とあるチラシを見ると、心を動かされることでしょう。

この商品は、投資信託を購入、または外貨預金を預け入れた場合には円定期預金の金利を高くする、「セット商品」と呼ばれているものです。退職金の受け皿商品として、実際に売れているのですが、結論を言うと見かけほどトクではないので、あまりおすすめできません。

すすめない理由は2つあり、まず、高い利率が適用されるのは当初の3ヵ月間だけだから。「満期3ヵ月」の定期預金なのです。4ヵ月目からは、通常の超低金利の利率が適用されます。

●定期預金と投信のセット商品を見てみよう

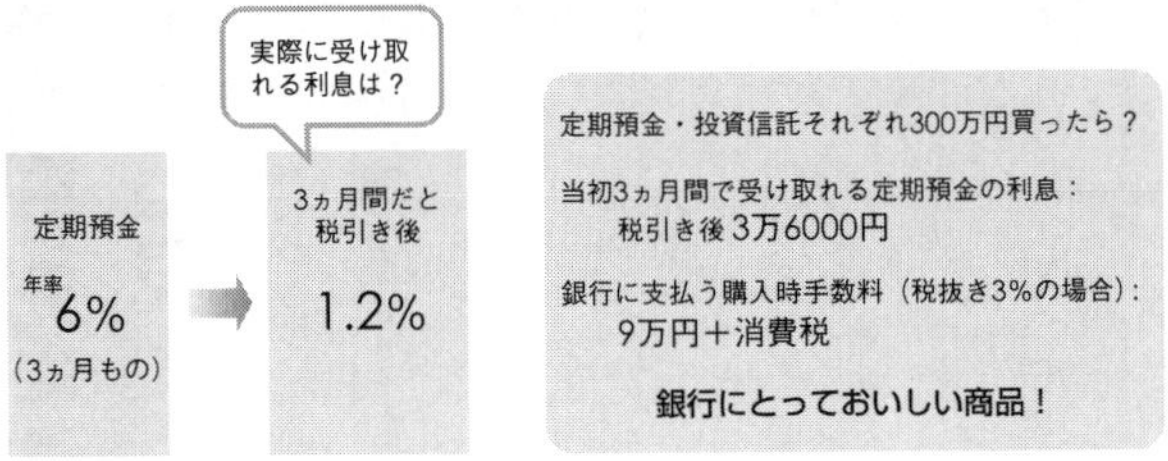
実際に受け取れる利息は？
定期預金
年率6%
（3ヵ月もの）
3ヵ月間だと税引き後
1.2%
定期預金・投資信託それぞれ300万円買ったら？
当初3ヵ月間で受け取れる定期預金の利息：
税引き後3万6000円
銀行に支払う購入時手数料（税抜き3%の場合）：
9万円＋消費税
銀行にとっておいしい商品！

※復興増税分を考慮せず

年率6%ということは、6%の12分の3で、3ヵ月分は1・5%。20%の税金を差し引くと実際に3ヵ月間で受け取れる利息は、元本の1・2%なのです。6%と表示されているのが、実は1・2%とは……なんだかがっかりですね。

もう1つの理由は、セットで購入する投資信託の多くは購入時手数料がかかること。高いものだと、3%+消費税がかかります。

受け取る利息と支払う手数料を具体的に見てみましょう。たとえば、円定期預金と投資信託がそれぞれ300万円のセットプランだと、3ヵ月間で受け取る利息は税引き後3万6000円（復興増税を考慮せず）。一方、購入時手数料が3％＋消費税の投資信託を選ぶと銀行に9万円＋税を支払います。銀行のほうがトクすることが、よくわかりますね！　この他に投資信託を保有している間、運用管理費用という手数料（0・5～2％程度）もかかります。

「購入しようと思っていた投資信託があって、それとセットにすれば問題ないのでは？」と聞かれることがあります。私が知る限り、セット商品に惹かれるのは、投信の選択眼を持っていない投資未経験の人ですから、やっぱりおすすめに値しない商品かと思います。

## ②「ワンルームマンション投資は実質利回りで考えると……」

「ワンルームマンション投資についてどう思うか」という質問も多いです。広告などに投資利回りが8％とか9％とか書いてあると、心がぐらつくようです。知っておきたいのは、広告に書いてある利回りは「表面利回り」といって、経費などを考慮しない数字だということ。

1室1000万円のワンルームマンションで、家賃収入が月額7万円見込めるな

図10●ワンルームマンション投資は「平均実質利回り」で考えよう

①実質利回り：
経費を差し引いた実質の利益÷取得にかかったお金の総額

$$\frac{(\text{年間家賃収入84万円}-\text{年間経費20万円})}{\text{物件価格と取得費合計1050万円}} = \underset{\text{実質利回り}}{6.09\%\cdots\cdots}$$

②さらに物件の値下がり分（減価）を考慮する。
たとえば10年で　半値になるなら

$$\frac{\{[(\text{年間家賃収入84万円}-\text{年間経費20万円})\times 10\text{年}]-500\text{万円(減価分)}\}\div 10\text{年}}{\text{物件価格と取得費合計1050万円}}$$

$$= \underset{\text{10年間の平均実質利回り}}{1.33\%\cdots\cdots}$$

ら、年間家賃収入を物件価格で割ると、表面利回りは８・４％。確かに高利回りですが、コストを考慮した「実質利回り」を見なくてはいけません。不動産購入時の取得費用（50万円）、保有中にかかる固定資産税、管理費、修繕積立金などといった経費（年20万円程度）を織り込むと、利回りは６・０９％まで下がります（図10の①を参照）。

また、建物は時間の経過とともにその価値が下がります。特にワンルームマンションは「10年で半値になる」といわれているので、半値になったと想定して「10年間の平均実質利回り」を計算すると、１・３３％となりました（図10の②

の式を参照)。その間、空き室の期間があると利回りはもっと下がることでしょう。

販売会社によっては空き室の間も家賃を払ってくれる「家賃保証」という制度がありますが、2~3年の更新制であることが多く、途中で更新を打ち切られることもあります。そもそも家賃保証はサービスではなくコストがかかるものですから、保証されている間は収益を圧迫することになります。

また、数年に一度は大規模修繕があり、修繕積立金だけで賄えないときには、一時金を出さなくてはいけません。もちろん、こうした費用はオーナー持ちです。そして、マンションの建て替えが必要になる時期がいずれ来ます。建て替えにはそれ相当のお金がかかります。その頃に手放そうと思っても、建て替えが必要なマンションを誰が買ってくれるでしょうか。

不動産投資を全面的に否定するつもりはありません。ただ、収益を得たいなら、不動産の目利きになるくらいの知識が必要だと覚えておいてください。

### ③「変額年金~元本保証タイプは仕組みが複雑」

銀行が2008年のリーマンショック前に販売に力を入れていた「変額年金保険

（または、投資型年金）」という商品があります。「保険」と名がつきますが、中身は「投資信託」です。リーマンショックによる株価急落後の数年間は、積極的に売られていませんでしたが、景気回復し株価が好調になるとまた販売に力を入れると予想できます。注意点を見ておきましょう。

　一時金で払い込んだ保険料は、手数料を差し引かれた後、積立金として株式や債券などで運用されます。運用次第で将来受け取る年金の原資額が変わってくるため「変額」年金といいます。

　投資対象の価格が下がると、積立金は元本割れをする可能性がありますが、現在販売されている変額年金は、払い込んだ保険料は最低限保証しますといったタイプが主流を占めます。

「株価が下がっても元本を保証、運用がうまくいったら、プラスアルファが受け取れる」とは一見、すばらしい商品に見えますね。

しかし、リーマンショック後の世界的株安の時期に、ある外資系保険会社の変額年金が「運用中止」という異例の事態が起こりました。その商品は、将来の年金原資として一時払い保険料を100％保証するというものでした。しかし、次のただし書きがあります。

「積立金が当初の80％を下回ったらその時点で運用中止となる。一括返却を希望するなら、一時払い保険料の80％で返却、100％返却なら無利息で15年間の分割で返却する」

当時、私がセミナー会場で質問を受けた80歳の女性は「20％もの元本割れは我慢ならないし、かといってこれから15年かけて分割で戻ってきても……」と悩まれていました。パンフレットを見る限り、その仕組みはかなり複雑。すべてを理解して契約した高齢者は、ほとんどいないと予想されます。理解していないから契約できたのかもしれません。

また、変額年金は手数料が高い点も気になります。運用関係費用、保険管理費用合わせて、年率3％前後かかり、投資信託に比べ割高感があります（運用管理費用が高めの投資信託ですら2％程度です）。これだけコストが高いと、高いリターンは期待できないと思ったほうがいいでしょう。全国的に銀行で売られていた商品ですし、今後株価が上昇すると、積極的に販売されると思いますが、コストが高く割がいいとは思えないので、やっぱりおすすめできません。

# 安心できる退職金の預け先

## ①「ネット定期」

### キャンペーン期間を狙って預け入れを

「おすすめしない商品」ばかり続きました。安心して利用できる商品はないの？ と思われることでしょう。元本の安全性が高く通常の定期預金より有利なのは、インターネットを通じて預け入れ手続きをする「ネット定期」です。ソニー銀行などインターネット専業銀行や、一般の銀行のインターネット支店で取り扱っています。

通常の定期預金に比べて金利が高い理由は、窓口の人件費がかからず、経費を抑えているからです。

利用のポイントは、ボーナス時期に行われるキャンペーン金利で預け入れること。通常より金利が上乗せになります。11月に預け入れるよりキャンペーン期間中の12月にしたほうが、0・5％以上高くなることもあるのですから、「定年になったらボー

ナスなんてないから」などと見落とさないようにしましょう。
預け入れ期間は、1ヵ月から10年ですが、中途解約すると金利が低下するので、確実に満期を迎えられる期間を選んでください。通常、預け入れ期間が長くなるほど、金利は高くなりますが、キャンペーン期間中は、5年ものより1年もののほうが高い金利が付いていることがあります。これは、その銀行が1年もの定期を集中的に集めたいと考え、5年ものより上乗せ金利を高くしているからです。これには落とし穴はありませんので、安心して1年ものを利用して大丈夫です。

「ネット定期」に預けたことは、家族にも伝えておきましょう。通帳などが発行されるわけではないので、本人に万一のことがあった場合、口座の存在を家族が知らないと面倒なことになります。「どこの銀行に、いくら預けたのか」をわかるようにして、口座番号、ログインパスワード、暗証番号などを伝えておくこと。

ただし、複数の番号があって覚えきれないからといって、パソコンの周りにメモを貼っておく、なんてことは絶対にしないように。万一、泥棒に入られたときには、どうぞお金を持っていってくださいと言っているようなものです。一覧表を作るにしてもネット口座の存在がわかれば十分。セキュリティのために、表に暗証番号などの情報は記入しないようにしましょう。

## ②「個人向け国債」

### 金利見通しを考えてタイプを選ぶ

個人向け国債は、個人向けに販売を限定した国債です。購入は1万円単位で、半年ごとに利子が支払われ、満期時に最後の利子と元本が戻ってくる仕組みです。

初回の利率が満期まで適用される固定金利型3年満期・5年満期と、初回の利率のみが決まっていて、その後は半年ごとにそのときの実勢により利率が「変動」する変動金利型10年満期の3種類があります。

「どれを選ぶといいですか」とよく聞かれます。選択基準のポイントは「今後金利が上がると思うなら『変動金利型』」、「金利が少し上がってきたから、このあたりで固定しておこうと思うなら『固定金利型』」が原則です。

そうはいっても自分で金利の見通しを考えるのは難しいですね。現在のように金利水準が低い時期だと、「変動10年」が相対的に有利です。理由は2つあります。ひとつには、変動型だと景気回復に伴って金利が上がると、半年ごとに支払われる利子は金利上昇を反映するからです。

2つめは、「変動10年」の金利の決まり方が数年前に変わったことで、金利の低い時期には固定型より相対的に有利な金利がつくようになったからです（「基準金利（10年長期国債の利回り）×0・8％」で求められる）。執筆時点の金利水準を見ても、3つの商品のうち「変動10年」が最も高い金利となっています。

では、固定金利型を選ぶといい時期はいつでしょうか。資金運用の約束事として「金利上昇がピークのときには、できるだけ長い期間で固定する」という考え方があります。金利の高い時期を知っている50代以上の人は、ピークを6％、7％と考えがちですが、それは間違いです。現在の経済状況はバブル時期と違いますから、6％や7％まで上がることは考えにくいでしょう。

チェックすべきは、新聞の経済指標欄にある「長期金利（10年もの国債の利回り）」です。過去15年くらいを振り返ってみると、1％後半なら「高金利」といっていい水準です。バブル景気を知っている世代は「そんな低い金利で固定したくない」と考えるかもしれませんが、「金利の大波」を待つより、「小波」で手を打つほうが現実的といえるでしょう。長期金利が1％後半になったら、「固定5年」の購入を検討していいと思います。

発行後1年間は原則として中途換金できない点に注意。1年経過すると換金可能ですが、直前2回分（＝1年分）に受け取った利子（税引き後）相当額がペナルティとして額面金額（元本）から差し引かれます。

# 定年をきっかけに投資デビューする際の注意点

## 知識ゼロで投資をはじめてはいけない

退職をきっかけに投資をはじめるなら、守ってほしい3つの約束事があります。1つ目は、「金融機関に出向き『私に合った商品を選んでください』と言わないこと」。金融機関のカウンター越しに1時間程度話したくらいでは、自分に合った商品を選んでもらうことは期待できないと考えたほうが無難です。

金融商品は属性だけで選ぶものではなく、相性も大事。私自身も買ってしばらくして、仕組みが自分に合わないことに気づいたり、「何となく好きになれない」と思うことが少なくありません。売り手任せにすると結局、「売れ筋の商品」をすすめられることになるのです。売り手に商品を選んでもらうのではなく、自分が欲しい商品を売っている金融機関に出向く。このスタンスが大事です。

「投資は未経験だから、自分で選ぶことなんてできない」と思うかもしれませんが、はじめてだからこそ勉強が必要です。ですから2つ目の約束事は「知識ゼロで投資を

はじめないこと」です。投資をはじめるなら、まず資産運用の入門書を1～2冊読んでから。どんな商品があるのか全体像を把握し、それぞれの手数料を知り（投資の収益を減らすのは手数料です）、買ってみたい商品を絞り込みます。この段階で「買いたい商品」を売っている金融機関に行って、説明を受けるのです。

説明を受けた情報が、自分に有益なものかどうかを判断できるようになると、「こんなはずではなかった」と後悔することを避けることができます。

3つ目は、「一度に買わずに少額で試してみること」。退職金のようにまとまったお金があると、300万円、500

万円単位で商品を買ってしまいがちですが、前述のように相性もありますし、失敗するかもしれません。気になる投資商品が見つかったら、まず10万〜30万円分買ってみるといいでしょう。

「少し勉強をして、少額で試して、気に入ったら追加購入する」という「つまみ食い投資」をぜひお試しください。

## 売り手に過度な期待を持たないで

投資は初めてという50～60代の方のご相談を受けるなかで「銀行だから悪いようにはしないはず」という言葉を聞くことがあります。

この言葉を最初に聞いたときは本当に驚きました。銀行の投資信託の販売が解禁になったのは1998年。全国的に販売が本格化したのは2000年代半ばくらいですから、まだ10年くらいしか経っていません。厳しい言い方をするようですが、私は銀行の窓口はまだまだ投資商品の売り手として「未成熟」だと思っています。

確かに投資未経験の顧客に比べれば、商品知識は格段に豊富ですが、担当者自身の投資経験は少なく（実は未経験の人も多い）、実感に基づいたアドバイスは期待できませんし、購入後のフォローをしきれていないのが現状です。

投資が初めてで不安なのはわかりますが、売り手に過度な期待を持つのは禁物です。

また、「証券会社の営業はプロだから、値下がりするような商品はすすめないはず」という言葉も聞きます。「担当者は親身になってくれるいい人だから、悪いようにしないはず」と商品選びを任せてしまうケースも少なくありません。

投資商品は値動きがありますから、「絶対に値下がりしない」ということはありえませんし、商品を運用するのは証券会社の担当ではなく、運用会社の人間です。営業担当者は、親身になってくれる人もいるでしょうが、あくまで会社の利益を追求するのが責務。会社が売りたい商品のなかから提案すると考えるのが現実的です。

こうした金融機関の現状に気がつくのは、すすめられるままに買った商品で大きく損を被り、痛い目に遭ってから。ですから、初心者にはわからないのです。

金融機関には過度な期待を持たず、適度な距離を保ってつきあっていく術を身につけていきましょう。

# 第4章

# 投資デビューで失敗しないために
# これだけは知っておこう

# ◎分散投資は大事。でも最初から完璧な配分は無理と思おう

退職金運用について解説する新聞や雑誌の記事のなかで、国内株が○%、外国株が○%、国内債券……などと投資先割合を示す円グラフを見たことがありませんか？　投資で失敗を避けるには、値動きの異なる複数の商品に分散するのが原則です。これを「ポートフォリオ運用」といいます。

退職金などまとまったお金が手元にあると、最初から完璧な配分できれいな円グラフを作らなくてはと考える人が多いのですが、これは間違い。購入時期にすべてが割安になっているとは限りませんし、投資商品との相性もあります。私自身も買ってみて「何だか好きになれない商品」とか「使い勝手がよくなかった」と思い、手放したものがいくつかあります。少し買ってみて、つきあっていけそうなら買い増したり、価格が下がったら買ったりと、数年かけてポートフォリオを作ることをおすすめします。

## ◎「利率」と「利回り」の違いを知っておく

「利率」は、元金に対してどのくらいの利息がつくかを、年単位で表したものです。「年率」ともいいます。1年満期の定期預金に100万円預けて利率が1%なら、1年後に受け取れる利息は1万円。

これに対して「利回り」は、元金に対して運用期間、いくら儲かったか(損したか)を年単位で表したもの。元金100万円に対して、2年間で5万円儲かったとすると、利回りは(5万円÷100万円)÷2年×100=約2・5%となります。

注意したいのは、利率も利回りも「年換算」が原則であること。たとえば、チラシに「キャンペーン実施中! 利率12%! (1ヵ月定期)」と書いてある場合、1ヵ月定期が満期を迎えるときに受け取れる税引き前利息は1%(12%÷12ヵ月)なのです。翌月以降は通常の金利が適用になる仕組み。「年換算」は金融業界の暗黙のルールです。

# 「リスクとリターン」のリスクは「危険」の意味ではありません

「ハイリスク・ハイリターン」の意味を、「大きく儲かる可能性もあるけれど、危険も大きい」と考える人が多いと思いますが、正確にはちょっと違います。リターンは、文字通り収益のこと。しかし、投資の世界では、リスクは「危険」の意味ではなく、「値動きのブレ幅の大きさ」のことなのです。

たとえば、上場間もないベンチャー企業の株価は、ちょっとしたニュースで大きく動くもの。株価のブレ幅は、安定的な値動きの大型株などより大きいですね。

大きく儲かることもあるけれど、値動きが激しいと大きくソンをする可能性もある。このような投資先は「ハイリスク・ハイリターン」なのです。値動きのブレのことですから、「リターンはそこそこあり、リスクは少ないもの」という都合のよい商品はないことを覚えておきましょう。

## 投資デビューのための勉強法

第3章で述べたように、投資デビューをするなら金融機関で商品を選んでもらってはいけません。自分で買いたい商品を考えるのが失敗を少なくする方法。これを実践するには、勉強が必要ですが、どうやって勉強するといいのか。まず、資産運用の本を最低2冊購入しましょう。1冊は入門書。商品の解説や投資の基礎知識などがわかりやすく書いてあるものを、書店で本を手に取りながら選ぶといいでしょう。

もう1冊は情報量の多い「辞書代わりの本」。用語解説や巻末に索引があるものを選んでください。すぐには完読できそうにないと腰が引けるかもしれませんが、最初から読まなくてOK。投資デビュー後に出てくる疑問を調べるための本として使います。

購入後は、新聞やニュースで「なぜ価格が上がったのか、下がったのか」をチェックするのがトレーニングになります。

## ◎「元本保証」と「元本確保」の違いがわかりますか？

「元本保証」と「元本確保」。似ている言葉ですが、意味は微妙に異なります。元本保証は、預けた元本が運用期間すべてにわたって元本割れしないことが保証されています。代表例は預金。中途解約しても元本割れは生じませんね。

これに対して元本確保とは、満期時点では元本を確保できるような運用の仕組みを持ちます。言い換えると、中途解約をした場合には、元本割れする可能性があるわけです。

第3章で述べた銀行を中心に販売されていたある変額年金は、2008年のリーマンショックによる株価急落で、「運用停止」となりました。15年間の分割払いなら元本は返します（利息はゼロですよ）、すぐに返金してほしいなら元本に対し20％減となりますとのことでした。驚くことにこれも「元本確保型」です。どんなときに「元本が確保されないのか」を具体的な例でよく説明を受けなくてはいけません。

## 金融商品のトラブルを防ぐには？

退職金の運用でリスクの高い商品を買ってしまい、思わぬ損失を抱えるトラブルは後を絶ちません。事前の少しの勉強が必要なことはもちろんですが、それ以外にどんなことに注意するといいのでしょうか。

まず、必ず確認したいのは、その商品の仕組みと投資対象。説明を聞いてもよくわからないなら、その場での購入をやめて、家族や知り合いに相談する時間も必要です。また、中途解約が可能かどうか、可能な場合、中途解約手数料が発生するかどうか。販売時や運用期間中の手数料も合わせて確認しましょう。

元本確保タイプは、どんな場合に元本が確保されないのか、しっかり聞いておくことです。窓口で長時間説明を受けると、相手の時間をとったので「購入しないと申し訳ない」と感じる人もいますが、そういうときは「家族と相談してみます」と言って席を立つといいでしょう。もちろん、シングルの人も使える言葉です。「断れる人」に同席してもらうと心強いですね。

# おトクじゃないのに女性に人気の外貨預金

銀行の外貨預金は女性に人気の商品です。大きく円高になると、窓口がかなり混雑すると聞いています。

しかし、専門家の間では為替手数料の高い外貨預金は「不人気商品」です。外貨投資をするなら「外貨建てＭＭＦ」のほうが有利でおすすめ。投資信託の一種で、株式を組み入れず短期の債券を中心に安定的な運用をするものです。証券会社や一部の銀行などで買えます。

円を外貨に替えるとき、または外貨を円に戻すときに為替手数料がかかりますが、一般的に米ドルＭＭＦの場合、１ドルにつき往復（円から外貨、外貨から円）で１円のところ、外貨預金は２円と倍もかかります。どの通貨もＭＭＦのほうが有利です。

外貨投資に限らず、手数料は投資の儲けの足を引っ張るものなので、できるだけ手数料の安いものを選ぶのが鉄則です。

## 投資信託の手数料を知る

投資信託の手数料は3つあります。

①購入時にかかる手数料……「購入時手数料」といい、投信を買った会社（証券会社や銀行）が受け取ります。「入会金」のようなもの。

②保有している期間中かかる手数料……「運用管理費用」といい、投信の運用や管理などにかかる費用で「年会費」のようなイメージ。投信を運用する会社と販売する会社とお金を預かる信託銀行の三者で分けます。

③解約するときにかかる手数料……「信託財産留保額」とちょっと難しい言葉ですが、要は「解約手数料」のこと。解約時に発生する株などの売却にかかる費用は、解約する人が負担しましょうという考え方で、その投資信託に残されるお金です。「退会金」のようなもの。

①と③は、かかる投信、かからない投信があります。この2つが無料でも、運用管理費が高いと結果としてコスト高になる場合も。3つのコストのうち、①「購入時手数料」と②「運用管理費用」のチェックは重要です。

# 投資デビューは日本株インデックスファンドでトレーニング

投資デビューをしたい、最初は何を買うといいですかと聞かれると、私は「日本株インデックスファンド」をおすすめしています。日経平均株価など日本株全体の動きに連動する投資信託のこと。日経平均株価やＴＯＰＩＸ（東証株価指数）は、日本株全体の動きを表す指標（＝インデックス）で、これに連動した動きをするため「日本株インデックスファンド」というわけです。

すすめる理由は、情報がとりやすいからと、コストが安いから。日経平均株価が大きく動いたときには、新聞・ニュースで変動要因を解説しますから、ニュースを見た後、新聞をていねいに読めば、投資のトレーニングにもなり一石二鳥です。

株式投信なので値動きは小さくありませんし、決して「初心者向け」の商品ではありません。でも、投資の経験を積むには適したものだと思います。

## ◎「長期ほったらかし投資」は禁物

「長期投資」という言葉がよく使われます。確かに長期的に成長を見込んで、すぐに使わないお金で投資をするのは基本中の基本。

しかし、「長期投資だから」と買って満足して、値上がりしても値下がりしても「長期ほったらかし投資」、はよくありません。

そもそも長期投資って何年のことでしょうか。セミナー会場で参加者に尋ねてみると「あれっ、そういえば考えてみたことがない」と言います。なんとなく長期で保有しなくてはいけないと思い込んでいるのかもしれませんね。

私は、「買って、売って」ひとつの経験だと思っていますので、実際に売らなくても「日経平均株価が○○円くらいになったら売ることを検討しようか」くらいは、買う段階で考えておくべきだと思っています。自分なりのシナリオを立ててみてはいかがでしょうか。結構、楽しいものです。

## 投資のモノサシ、「長期金利」に注目しよう

私が所属する生活設計塾クルーではメンバーとよくこんな会話をします。「○○から新しく年金商品が出たんですって。10年据え置きで利回り0・5％保証らしいよ」他のメンバーが「それなら10年国債買ったほうがいいね、利回り1％だし」と言い、商品評価は終了します。

金融商品が他に比べておトクかどうか判断するとき、プロのモノサシは「長期金利（10年ものの国債の利回り）」です。前述の年金商品は集めたお金の大半を10年もの国債で運用しているはず。年金を買うと保険会社の取り分だけ、利回りは下がるわけです。

このモノサシを預貯金金利にしてしまうと、判断を間違えます。多くの人は「10年ものの定期預金の金利は0・1％だから、この年金はとってもおトク！」と考えてしまうのです。長期金利は、日本経済新聞なら1面に、朝日・読売など一般紙は経済面に出ていますので、株価と合わせてチェックしましょう。

## ◎「ファンドラップ」は手数料が割高

大まかな投資方針を伝え、投資先の選定や運用を証券会社などに一任する富裕層向けサービスを「ラップ口座」といいます。「ファンドラップ」は、投資信託を使う簡易版で、最低投資額は500万～1000万円程度です。

この商品に関心のある方は「自分で運用するのは難しいからプロに任せたい」と言います。しかし、投資信託そのものの手数料に加え、ファンドラップの手数料がかかりますから、自分で投資信託を組み合わせるより割高となります。私としてはおすすめできない商品です。

また、提案された資産配分が自分にとって最適かどうかを判断するのも簡単なことではありません。本書でたびたび述べているように、失敗を次の投資に生かしながら、経験を積んでいくことが運用上手になる秘訣です。「よくわからないからプロにお任せ」では、うまくいかなかったときの理由もわからずじまいになってしまうかもしれませんね。

# ゆとりある老後生活を送るために「月38万円必要」って本当？

金融機関の広告やパンフレットで、次のようなフレーズを見たことはありませんか？

「あるアンケートによると、老後、ゆとりのある生活を送るには月38万円必要。一方、収入は月20万円です。毎月18万円足りなくなるので、今ある資産を有効に運用しましょう」

あせりますね。プロローグに登場したAさんのように受け取ったばかりの退職金を資産運用で殖やさなくてはという気持ちになります。

しかし、このアンケートの質問は「ゆとりのある老後を送るにはいくら必要だと思いますか」というものなのです。「いくら必要か」と聞かれたら、多めに答えるのが心情でしょう。

また特筆すべきは、回答者の8割が60歳未満という点。現役世代に聞くと必要金額が多めになるはずです。金融商品を売るのに〝引き〟のある調査結果ですから、金融機関のパンフレットでよく目にすると思いますが、惑わされてはいけません。

実際に年金生活を送っている人の家計調査（総務省）では、かかるお金は月約27万円という結果で、収入からの不足分は6万円弱です。もちろん、人によって生活にかかる費用は異なりますから、不足額が平均より多い場合もあるでしょう。

しかし、はじめて投資をする人が、不足分を資産運用で埋めるのは、至難の業。それよりも、今あるお金を「ムダに減らさない」方法を実践するほうが、安全確実な運用といえるでしょう。定年をきっかけに投資デビューしたい方もいるでしょうから、そういう方には、「退職金を背負ったカモ」にならない方法を伝授します。減らさない方法を身につけたうえでの投資ならリスクは格段に低くなります。

ぜひ、ぜひ本書で知識と実践方法を身につけてくださいね。

# 第5章

# 知らなきゃ損するお金のおトク情報

## 年金に44年加入していたら、おトクな制度がある！

厚生年金の支給開始年齢の引き上げにともなって、現在60代前半は、報酬比例部分の年金のみの受給となります。ただし、あなたが厚生年金に44年以上加入していたとすると、60代前半であったとしても定額部分である老齢基礎年金も含めて両方の年金を受け取ることができるのです。加給年金もついてきます。これを「長期加入者の特例」といいます。基礎年金は約77万円で加給年金の39万円と合わせると約１１６万円も上乗せ！　早い時期から満額の年金がもらえるのは見逃せませんね。

## 定年後も社会保険に入るメリットは？

60歳以降も社会保険に加入して働くと、給与とボーナスの額によっては年金がカットまたは減額されるデメリットがありますが、メリットもあります。将来受け取る年金額が増えることと、60歳未満の妻を第3号被保険者にできるため、60歳まで納めなくてはならない妻の国民年金保険料の負担がなくなります。

また、勤務先の健康保険組合が高額療養費の自己負担限度額が低いなら、それに引き続き加入できるのはメリット大です。なかには1ヵ月の限度額が2万円の健保組合もあります。

## 夫の定年後も妻は国民年金の保険料を払うのが基本

妻が年金の第3号被保険者の場合、夫が定年後に働かないと、国民年金保険料を払うことになります。現在は、年金は25年加入すると65歳から老齢基礎年金を受給できるため、「もう25年の条件は満たしているから、保険料は払わなくてもいい」と考える人がいますが、これはソンな考え方。保険料払い込み期間に応じて基礎年金額が決まるので、60歳になるまで払いましょう。1年間払うと、年金額が約2万円増えるのですよ。年金額を増やしたいときは、60歳を過ぎても、65歳まで「任意加入制度」を利用し、保険料を払うことができます。

## 保険料は年度払い・口座振替がおトク

夫の定年後に妻の国民年金の保険料を払うことになったら、口座振替で1年度分前納するといいでしょう。割引がきいておトクです。現金で毎月払うのに比べて、年間

4000円近くも安くなります。ただし手続きの締め切りは、毎年2月末。過ぎている場合は、割引率は少し下がりますが、現金で1年度分前納を。こちらの締め切りは4月末です。それも過ぎている！　という場合は、「口座振替・早割」の手続きをすると、わずかですが割引あり。現金・毎月払いが一番高いと覚えておいて。

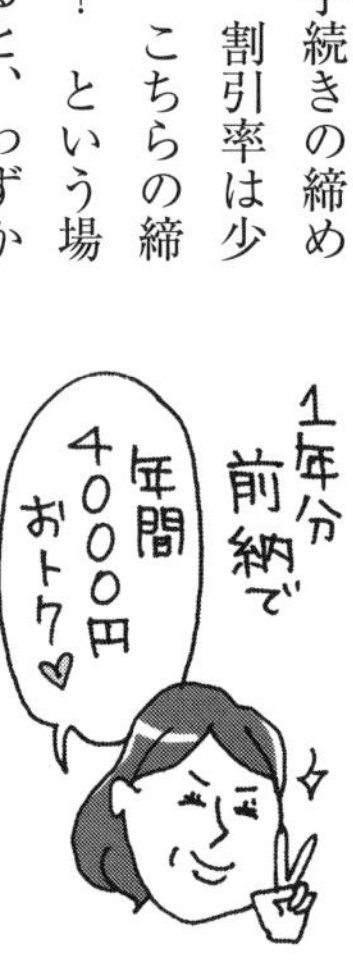


## 一家で一人は入っておきたい個人賠償責任保険

「個人賠償責任保険」って知っていますか？　たとえば、愛犬が人を噛んだ、ベランダからものを落とし通行人にケガをさせた、デパートで高額な商品を壊してしまったなどといったことが起こると、法律上の賠償責任を負うことになります。こうしたときに役に立つのがこの保険。被害者に対する賠償金や、訴訟などにかかる費用をカバーします。補償金額が1億円でも保険料は年間1200~2000円程度。自動車保険や火災保険などに特約として付けることができます。ひとつの契約で同居の家族も対象となる点も覚えておきましょう。

## 医療保険の「女性疾病特約」は要らない

乳ガン、子宮ガン、卵巣嚢腫《のうしゅ》など女性ならではの病気で入院したら通常の入院給付金の倍額が支払われるのが「女性疾病入院特約」。女性に大人気の特約ですが、この分の保険料はサービスではなく、しっかり取られます。女性特有の病気で入院したとしても、医療費が2倍かかるわけではありませんので、わざわざ付けなくてもいい特約です。女性は「女性向け」が好きというマーケティングに基づいた保険会社の戦略なのです。

## 指定代理請求の手続きをとっておこう

入院給付金は、被保険者（保険の対象となる人）が受取人です。被保険者が元気であれば問題ないのですが、事故や病気で意識がない状態で入院した場合は、自分で請求手続きをするのは不可能です。

こんなときに頼りになるのが「指定代理請求制度」。本人が昏睡状態などで請求が困難なとき、あらかじめ指定した人が代わって請求できる制度です。指定代理請求人

に指定できる範囲は、各保険会社によって異なりますが、おおむね次の通り。

・被保険者の戸籍上の配偶者、直系血族、兄弟姉妹
・被保険者と同居または生計を一にする三親等以内の親族

入院・手術給付金以外にも高度障害保険金や、個人年金も対象となっています。寝たきりになって、個人年金が受け取れないのは困りますよね。指定代理請求人を定めていなくても、一定の手続きをとると親族が代理請求できる手段はあります。しかし、法定相続人全員の同意と印鑑が必要なので、連絡をとっていない家族（前の配偶者の子どもなど）がいると手続きは面倒なことになりますので、この制度を利用したほうが安心です。

## 死亡保険金の受取人に注意

生命保険は、契約者（お金を払う人）と、受取人の関係により、対象となる税金が変わってきます。死亡保険金は、「自分が被保険者の保険に、自分でお金を払って（契約者）、妻や子どもが受取人」という契約形態が望ましいです。この場合、相続税の対象となりますが、一定の控除などがあります。契約者と受取人が同じだと、一時所得として結構な所得税がかかってしまいますので、契約形態変更について保険会社に相談しましょう。

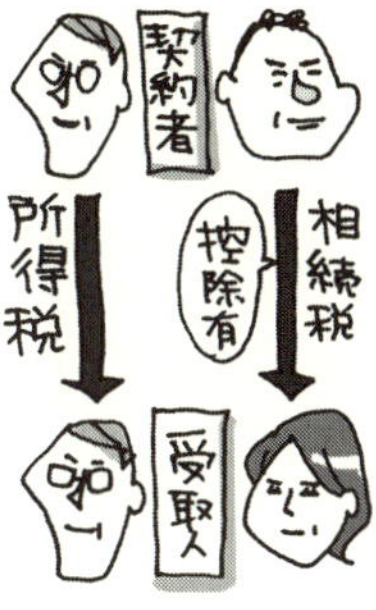


## 妻の個人年金、契約形態によって贈与税に注意

個人年金のように生前にお金を受け取るタイプは、「契約者と受取人がイコール」が原則です。この場合、所得税の対象となります。たまに見かけるのが、「契約者（保険料を払う人）が夫で、年金の受取人は妻」。この契約形態だと、年金受給権発生

時に夫から妻への贈与税がかかり、毎年の年金にも所得税がかかってしまいます。このような契約形態に該当する場合は変更したほうがいいので、保険会社に相談してください。

## 通帳に印影を残さないで！

以前は、通帳の表紙の裏に届け出印の印影が貼ってありましたが、最近は貼らないのが原則。その理由は、盗難通帳から印影をスキャナーでスキャンして印鑑を作り、窓口で堂々と引き出しをする犯罪が増えたからです。

よく使う口座の通帳なら、繰り越しされて、印影は貼られていないと思いますが、あまり使っていないと昔のままかもしれません。多額の残高があるなら要注意。泥棒にそなえて、印影は外すこと。銀行の窓口に持って行き、新通帳に切り替えるか、外してもらいましょう。

## キャッシュカードの管理に注意！

図12●偽造・盗難カードの補償ルール

| | 過失なし | 「過失」あり | 「重大な過失」あり |
|---|---|---|---|
| 偽造の場合 | 全額補償 | 全額補償 | 補償なし |
| 盗難の場合 | 全額補償 | 75%補償 | 補償なし |

数年前にゴルフ場などで多発したキャッシュカードのスキミングによる偽造事件をきっかけとして、「預金者保護法」ができました。これにより、偽造・盗難カードで預金を引き出されても、その損害は原則として金融機関が補償し、預金者は負担することはなくなりました。

ただし、預金者に過失があると補償を受けることができない場合もあるので、注意が必要です（図12参照）。暗証番号をカードに記していると預金者の「重大な過失」とみなされ、被害が全く補償されない可能性があります。

暗証番号を生年月日にしていて、生年月日がわかる書類と一緒に保管していると「軽過失」で、盗難に遭っても被害額の75％しか補償されません。

日常のカード管理と暗証番号の設定が、補償を受けられるかどうかの鍵となります。ご注意を。

## 「早めに」「ネット申し込み」で旅行代金を安くする

旅行代金を安くするには、「早期割引」と「インターネット申し込み」がキーワード。国内航空券は、搭乗日の2ヵ月前から販売を開始し、おおむね3週間前まで大幅割引があります。航空会社のＨＰには各種割引ごとに運賃が表示されていますので、いつまでに購入するといいのかプランが立てやすくなりますから、ネットの活用を。団体旅行も早期申し込み割引を設定している商品がありますし、ホテル予約もネット申し込みは割引がきくうえ便利です。

## 電車旅行好きにはＪＲの会員制プランがおすすめ

ＪＲ東日本の「大人の休日倶楽部ジパング」は、年会費がかかりますが、ＪＲ東日本線・ＪＲ北海道線の切符が何回でも30％割引、全国のＪＲ各線なら年間20回まで20％・30％割引で購入できます（連続２０１km以上の利用の条件あり）。対象は、男性満65歳、女性満60歳以上で、年会費は個人会員なら４２８５円、夫婦会員は７３２０円です（カード年会費込み）。難点は新幹線のぞみやみずほが使えないことや、ゴールデンウィークや年末年始、お盆時期が対象外であることです。他のJRでも同様のサービスがあります。

## 定年になったって「出張パック」で安く夫婦旅行へ行く

往復の航空券とホテルの宿泊代のみの「出張パック」は、出張ではなくても使えます。都市型観光旅行におすすめ。時期によっても異なりますが、航空券とホテルを別々に取るより割安になることが多いです。出張パックを帰省に使うときは「1泊プラン」を選び、オプションで「帰る日延長」とするのがワザ。こうすると、実家に何日いても往復の航空券とホテル代1泊の代金ですみます。ホテルに泊まってもいいし、泊まらないならその旨ホテルに電話をしておけばOKです。

## マイレージサービスで無料航空券をゲット！

航空会社のマイレージクラブでマイルを貯めると無料航空券がもらえます。「定年になったら、出張もないし……」とあきらめるのは早いです。最近は飛行機に乗らずにマイルを貯める「陸《おか》マイラー」が増えているのです。クレジット機能付きのマイルカードを作り、日常生活で貯めていきます。

クレジットカードの年会費が２０００円ほどかかるので（初年度は無料のことが多い）、費用対効果を考えてチャレンジするといいでしょう。

## 海外旅行先ではクレジットカードがおトク

海外旅行先での食事や買い物の代金の支払い方法は、クレジットカード、外貨現金、トラベラーズ・チェック（Ｔ／Ｃ）などいくつかありますが、調達コストはそれぞれ異なります。

コストが安くて、利便性が高いのは、「クレジットカードをメインに、少しの外貨現金を組み合わせる」方法。

クレジットカードは、カード会社が適用したレートに１・６３％程度の手数料が上乗せされます。一方、外貨現金は両替手数料（為替手数料）がカードよりコスト高となるのが一般的です。たとえば、ニュースなどで「１ドル＝１００円」と報道されたとき、米ドルに両替すると、３円の手数料が上乗せされ、１０３円が両替レートとなります。為替手数料は定額で、仮に１ドル１００円のケースなら、３円の手数料率は

3％ですから、外貨現金はクレジットカードよりコスト高ということがわかりますね。

カードは盗難に遭ったら使用停止にすれば、被害を食い止められますが、現金はなくなったらおしまい。セキュリティの面でもカードに軍配が上がります。T／Cは、国や店によっては使えないことがあるので、選択肢から外したほうが無難です。

## 米ドルとユーロは日本で両替、それ以外は現地両替が基本

海外旅行先でのチップやタクシー代に最低限の現金は欠かせません。両替時の手数料は、国によっても、両替する場所によっても異なりますが、基本は「米ドルとユーロは日本で、それ以外の通貨は現地空港で」と覚えておくといいでしょう。米ドルとユーロ以外の通貨は、日本での流通量が少ないため手数料が割高になるのです。禁じ手は、余った外貨現金を円に戻すこと。再度両替する際にも手数料がかかるため、目減りしてしまいます。外貨現金は現地で使い切るようにしましょう。

## 海外旅行保険はインターネット加入が安くて便利

海外旅行保険は、ネット加入の保険が安くてムダのない補償が得られます。たとえば、損保ジャパンの新・海外旅行保険【ｏｆｆ！】の場合、ヨーロッパ８日間・カップルプラン（ＣＤタイプ）で、２人分の保険料が４５６０円とかなり割安です。50代以上は旅行会社ですすめられる保険に入る人が多数ですが、補償内容は過剰で保険料を夫婦合計１万円も払っています。「治療費用」と「救援者費用」がしっかりついて

いれば廉価なタイプで大丈夫です。保険料が安くても現地のサポートは従来通りなので安心。

## クレジットカード付帯の海外旅行保険の落とし穴

「クレジットカードに海外旅行保険が付帯されているから、別途入らなくても大丈夫」という人は、補償内容を必ずチェックして。カード年会費の一部が保険料に回っているため、補償が十分でないケースもあり心配です。

チェックすべきは、「治療費用」と「救援者費用」。どちらも少なくとも1000万円ずつはあったほうが安心です。この2つが少なかったら、足りない分をネット申し込みできる保険でカバーしましょう。

# 第6章

# 暮らしのお金・家族のお金 Q&A

## Q 子どもへ住宅資金を贈与したいけれど、贈与税が心配

## A 110万円を超える場合は、申告が必要

贈与税の基礎控除は年110万円で、それを超えると贈与税の対象となります。しかし、住宅資金の贈与については特例が設けられることが多いので、上手に活用しましょう。

2014年は、基礎控除110万円に加え、特例枠が500万円（耐震・エコ住宅は1000万円）ですから、基礎控除を合わせると610万円（耐震・エコ住宅は1110万円）まで非課税となります。

「特例」ですから、非課税の範囲内でも110万円を超える場合は、税務署へ申告が必要です。

特例を活用した非課税枠を超える額の贈与をしたい場合は、「相続時精算課税制度」を利用する選択肢があります。相続税対策と合わせて検討したほうがいいので、税理士に相談することをおすすめします。

# Q 子どもと2世帯住宅を建てる際の登記上の注意点は？

## A 負担した割合で登記するのが大原則

今住んでいる土地に子どもから2世帯住宅建築の提案があると、頭金は親が退職金から出し、子ども世帯は住宅ローンを組むケースが多数ですが、その際、建物の登記上の持ち分は、「負担した割合で登記」が原則と覚えてください。たとえば建築費が3000万円、親が現金を1000万円出し、子が残り2000万円の住宅ローンを組む場合。持ち分は、分母に取得費用、分子にそれぞれが負担した金額がきますので、この場合の建物の登記は「親3分の1、子3分の2」となります。

親が「自分の土地に建てるのだから、建物も親の名義100％」と考えるのは間違い。また、「いずれ、息子が相続するのだから、今のうちに息子100％の名義にしておこう」とするのも間違いです。登記上の持ち分は、「思い」や「考え」は考慮されませんから、実態に即した形にするのが大事です。

# Q 同居の子どもへ住宅資金を援助する際のトラブルって？

## A 相続をふまえて、家族間であらかじめよく話し合いを

前述のように同居する子どもに住宅資金を援助する場合は、相続発生時に他の子どもたちとトラブルが起こらないように、家族で話をしておく必要があります。

親が亡くなると、親名義の土地と建物は、そこに住む子が相続するのが現実的。しかし、他の子どもが「私は何もしてもらっていないのに、お兄ちゃん（またはお姉ちゃん）ばっかりずるい」ともめる可能性がゼロではありません。

「うちの子どもたちに限ってもめることはない」と考えたり、「家族の暗黙の了解」とすませたりするのは禁物です。相続のトラブルは資産家に限ったことではなく、ごく一般の家庭にも起こりますのでご注意を。

一人の子どもだけに資金援助が偏らないように配慮が必要です。

## Q　2世帯住宅で子世帯とのトラブルを避けるには？

## A　ルールを決めて、最初から公共料金や生活費を分けておくことが肝心

意外と細かいことがトラブルの原因になるもの。「最初は子世帯の収入が少なかったから私たちが生活費を多めに出していたら、そのまま甘えられて困っている」といった話を聞きます。

建築時に親世帯と子世帯の公共料金のメーターを分け、食費や日用品など生活費も分けておくのが肝心です。こうしたルールを最初に決めておくといいでしょう。最初に援助してしまうと、援助をやめるのはなかなかむずかしいようです。

特に、親世帯の夫が亡くなると、年金収入が大きく減りますから、妻の生活に余裕がなくなります。子世帯でも教育費負担などで苦しい状況だったりすると、妻は子に「生活に応じた負担をして」と言い出せなくなってしまうのです。外食をした際にごちそうするなど、日常の生活費と離れたところでサポートする方法もあります。

## Q 老親に認知症の症状が……。お金の管理が心配

## A 成年後見制度について調べ、家族で話し合いを

「成年後見制度」をご存じでしょうか？　認知症、知的障害、精神障害などの理由で判断能力が不十分な人は、金融資産などの管理をしたり、公的介護保険のサービスを受けるための契約を結んだりするのが難しい場合があります。また、自分に不利益な契約であっても判断がつかず、契約してしまうこともあります。こうした人たちを後見人等がサポートするという制度です。

家庭裁判所によって選ばれた成年後見人等は、本人の利益を考えながら代理で契約をしたり、本人に不利益な契約を後で取り消したりすることができます。弁護士などの専門家以外に、家族も成年後見人になることができますので、心配な場合は制度を調べて家族で話し合ってみるといいでしょう。自治体の福祉公社などで相談するのも一法です。

## Q 「生保カード」をすすめられたけど、作るべき？

## A まず使うことのない「生保カード」は、整理しよう

一部の保険会社（大手生保が多いです）では「保険口座カード」を発行しています。「作りませんか？」と言われたことがありませんか？ 保険会社のATMで積立配当金を引き出したり、契約者貸付制度（解約返戻金を担保とした借り入れ）を利用したりできます。

しかし、実際には使う機会がめったにないため、自宅に保管しているケースがほとんど。泥棒が心配ですね。生保カードを盗まれてお金を引き出される被害に遭っても、現状では利用者保護の仕組みはないことに注意。解約返戻金の金額によっては、数百万円引き出すことも可能です（1日の引き出し限度額はあります）。カードを利用しないなら、カードを解約するなど何らかの対策を講じたほうがいいでしょう。

## Q 離婚時の年金分割で妻はいくらもらえる？

## A 基礎年金、企業年金は分割の対象外。必然的に金額は少なめに

結論から言うと、思っているより少ない金額です。分割対象となるのは、結婚期間中に保険料を納めた分の夫の厚生年金または共済年金に相当する部分の２分の１で、老齢基礎年金や企業年金は分割の対象外です。

40年間会社勤めをした夫の平均年収が約５３０万円の場合、報酬比例部分の年金は、月約10万円です。結婚期間が40年なら離婚による年金分割で10万円の半分の５万円が妻の基礎年金に上乗せされます。でも結婚期間40年というのはかなりレアケースですね。結婚期間が30年なら、厚生年金加入期間（40年）の４分の３に該当し、その半分の金額、月３万７５００円が妻に分割されます。制度変更により年金が分割されるようになったとしても、自分の年金＋年金分割分で暮らしていくことは難しいのが現状です。

## Q 夫が亡くなった後の生活設計はどう考える？

## A 遺族年金の額、企業年金の扱いを確認しておこう

会社員だった夫と専業主婦が長かった妻のカップルですと、夫が亡くなると年金収入が減ります。第1章に年金受け取りの流れの図があります（図5参照）。夫死亡後、妻が受け取れる遺族年金は夫の「老齢厚生年金（報酬比例部分）」の4分の3に当たる金額で、夫の老齢基礎年金は対象外です。つまり、夫死亡後に妻が受け取る年金は、原則「妻の老齢基礎年金」と「遺族厚生年金」の組み合わせとなります。図5を参考に世帯の年金収入がわかるようにしておきましょう。

企業年金は、会社によって生死にかかわらず受給期間（10年、15年など）が定められているケースや、夫が生存する限り受け取れる終身型のケースなどさまざまですから事前に確認しておきましょう。一般に女性のほうが長生きしますから、妻が一人になったときを見込んで、蓄えを残しておけるような定年後プランを立ててください。

## Q 金融資産の管理のコツは?

## A 夫婦で一緒に、「金融資産の棚卸し」をしよう

定年になったら（理想は定年前ですが）、金融資産の棚卸しをしましょう。まずは、どこに誰のお金がいくらあるのかを一覧表にまとめます。

こうすることで、夫婦間でそれぞれのお金について共通認識ができますし、たくさんの口座があり煩雑と感じていたら、整理するきっかけにもなります。複数の金融機関、口座は、今は管理できても、年齢を重ねるごとにおっくうになっていきますので、少しずつ整理しておくといいです。

反対に、ひとつの銀行にまとまったお金（2000万とか3000万円）があることがわかったら、その金融機関の健全性のチェックや、商品のセーフティネットを確認しておくと安心です。巻末に金融資産一覧表を載せてありますので、お使いください。夫婦での共同作業にするのがポイントです。

## Q 保険を整理するには？

## A 死亡保障と医療保障に分け、被保険者別に検討する

不要な保障や重複している保障を見つけるには、やはり一覧表は有効。コツは、死亡保障と医療保障の表を分け、表の最初の項目を「誰の保険？（被保険者）」にすること。たとえば、夫の死亡保障は、細かいものが複数あり、1年間に支払う保険料は、合計すると結構な金額になることも。また、妻の入院保障は、医療保険、個人年金の入院特約、共済の3つもあり、重複していたことがわかったなど、書いてみると整理するきっかけになります。

また、被保険者ごとにまとめておくと、入院したときなどに給付金や保険金の請求もれを防ぐことができ、便利です。

損害保険についても「何に対して、どんな補償がついているか」を最初の項目にしておくと、請求もれを防ぐことができます。巻末に表を掲載していますのでお使いください。

## Q 住まいの保険を見直すには？

## A 「契約内容のお知らせ」をよく読み、不明な点は問い合わせを

火災、台風による水害、土砂崩れなどによる住まいの災害をカバーするのが火災保険。補償内容を詳しく覚えていますか？　住宅ローンを組んだ際に、銀行ですすめられた保険に加入し、その後、見直しをしていない方が多いのが現状です。請求もれを防ぐためにも、どんな災害のときに保険金が支払われるのかを確認しておくといいでしょう。保険会社から送られてくる「契約内容のお知らせ」を読み、不明な点があったらお客様コールセンターに問い合わせるといいでしょう。

また、万一火災で自宅が焼失したら、建て直すための補償が受けられる保険金額になっているかもチェックしてください。火災保険の保険金額は、建物の時価に基づいて新価（新たに取得するための費用）設定するのが原則ですが、大きく物価が上昇すると、保険金額を見直しする必要があるのです。

## Q 地震保険って必要ですか？

### A 地震保険ですべてはカバーできない。その後の経済的リスクをもとに考えてみよう

通常の火災保険では地震による被害は補償されません。地震災害の補償を受けたい場合には、火災保険に加えて「地震保険」に加入することになります。

地震により、自宅が焼失・倒壊したり津波で流されたりすると、建て直すのに数千万円かかるうえ、そのお金はすぐに必要となります。金額的なリスク度も高く、年齢的に住宅ローンを組むのは難しいので、年金生活者だからこそ地震保険は入っておきたい保険といえます。

地震保険は、最大でも火災保険金額の50％までの補償しか付けることはできません。ですから、地震保険だけで建物や家財を元通りにできるわけでないことは知っておきましょう。

## Q 火災保険・地震保険の見直しのコツは？

## A 火災保険はプロ代理店で入るのが賢いやり方

これを機会に火災保険や地震保険を見直そうと思ったら、保険会社や代理店を替えてみてはどうでしょうか。私がおすすめするのは「プロ代理店」といわれる保険専業の代理店の活用です。保険販売で生計を立てているので、副業で代理店をやっている人より専門知識が深く、親身に対応してくれるケースが多いからです。

住宅ローンを組んだときに火災保険に加入したなら、不動産事業者、もしくは銀行の支店や子会社が代理店の可能性が高いのですが、火災保険の事故処理の実務経験が深いとは思えません。かなり頼りない気がします。

最寄りの損保会社の支社に電話をし、「親身に相談に乗ってくれるプロ代理店を紹介してほしい」と言うと紹介してくれます。

## Q 自宅を担保にお金が借りられる「リバースモーゲージ」って？

## A 持ち家を売らずに生活資金を確保できるのがメリット。まだ課題も

「リバースモーゲージ」とは、所有する不動産を担保に老後の生活資金を借り入れ、死亡時にその不動産を売却することで借入金を清算する金融サービスのこと。自宅不動産を持っていても、年金など現金収入の少ない人は、持ち家を売却せずに生活資金を確保できるメリットがあります。

資産の大半が不動産の傾向が強い日本人に潜在的ニーズがある商品なのですが、ほとんどが民間商品（おもに銀行）なので、利用者にとって使い勝手がよいものはまだ登場していないのが現状です。資金の貸し手は1～3年ごとに担保評価の見直しを行い、担保掛け目に達すると原則として融資がストップするため、借り手には「長生きリスク」が残ります。また、土地を所有する一戸建てが対象で、マンションには利用できないのも今後の課題といえます。

## Q インターネット専業銀行が気になるけれど、若い人向き?

## A 意外と使い勝手のよいネット銀行。口座を開いたら家族にも伝えること

そんなことはありません。まとまったお金を持っている中高年は大歓迎だと思います。第3章でも紹介した「ネット定期」は、窓口を持つ通常の銀行の定期預金に比べ金利が高め。投資信託や株式などを扱っているネット銀行もあります。

一方で、公共料金の引き落としなどの決済機能を持たないネット銀行もあります。こうした特徴を知っている人は、年金受け取り口座や公共料金の決済などは近所に支店のある従来型の銀行を利用し、まとまったお金の預け先としてネット銀行のネット定期を使っています。

ネット銀行に口座を開いたら、必ず家族に伝えてくださいね。定年後、突然亡くなった人がネット定期を利用していたのですが、家族はご存じなく、「お父さんの退職金がほとんどない」と大騒ぎになった例もあります。

## Q 金融商品や保険商品のトラブルで困ったら？

## A 相談窓口を知っておくのと同時に、トラブルは未然に防ぐ

契約時に詳細な商品説明を受けていなかったことが原因で、トラブルになった場合の相談窓口を知っておきましょう。各業界団体が設置している苦情・紛争などの解決支援窓口には図13のようなものがあります。こうした相談窓口が消費者の苦情を受け付け、金融機関との間に入って話し合いを取り持ってくれます。その他の相談窓口として各地の「国民生活センター」もあり、また「日本司法支援センター（法テラス）」では、弁護士による無料相談も実施しています。

以前に比べると、業界団体の相談窓口整備は整いつつありますが、100%自分が希望する解決策が見いだせるとは限りません。トラブルの原因となりやすいのは、商品にかかる手数料や解約のペナルティ。これらの説明を理解して契約することを心がけ、トラブルを未然に防ぎましょう。

図13●業界団体の相談窓口

| どんなトラブル？ | 業界団体 | 相談窓口 |
|---|---|---|
| 銀行でのトラブル | 全国銀行協会 | 全国銀行協会相談室※1<br>0570-017109 |
| 生命保険のトラブル | 生命保険協会 | 生命保険相談所※2<br>03-3286-2648 |
| 損害保険のトラブル | 日本損害保険協会 | そんぽADRセンター※1<br>0570-022808 |
| 投資信託、債券など証券商品のトラブル | 日本証券業協会 | 証券・金融商品<br>あっせん相談センター<br>0120-64-5005 |

※1はナビダイヤル（有料・PHS、IP電話のぞく）
※2は東京。他にも全国に窓口あり。

## Q 銀行が破たんすると預貯金はどうなる?

## A ひとり、1金融機関ごとに元本1000万円までと、その利息が保護

「預金保険制度」のもとに、「ひとり、1金融機関ごとに元本1000万円までと、その利息が保護」されます。

対象となるのは、日本国内に本店のある銀行や信金、信組、労金、ゆうちょ銀行などの定期性預貯金や普通預金。利息のつかない「決済性預金」というものがあり、これについては、例外的に1000万円を超えても全額が保護されます。

利息がつく預金の1000万円を超える部分と、外貨預金や譲渡性預金、ヒットなどは保護の対象外となり、破たん金融機関の財産の状況に応じて支払うことになるため、一部がカットされる可能性があります。

退職金や定年後資金が1000万円を超える場合は、複数の銀行に預け分けるのも選択肢のひとつです。金融機関の安全性を確認するのも自衛策となります。

## Q ペイオフ対策として、退職金を家族の名前で預けるのはどう？

## A 家族の名義を使うと「贈与」の対象に！

前述のように銀行が破たんすると、一人の名義につき１０００万円までしか保護されません。

退職金の預け先を複数の金融機関に分けるのは面倒だからと「妻や子どもの名義で１０００万円以内に分けておけば、破たんしても全額保護されますよね？」と質問を受けることがあります。私の答えは、ＮＧ。

自分で働いて得たお金は、自分の名義にしておくのが原則です。家族の名義を使うのは、やめておきましょう。ご自分では「名義だけ」と思っていても、税務署から見ると立派に「贈与」の対象となります。

無理に１０００万円ずつ預け分けなくても、安全性の高い金融機関を利用するという対処法もあります。

## Q 生命保険会社が破たんすると保険はどうなる?

## A 予定利率の高い保険や貯蓄性の保険、期間が長い保険は影響が大きい

「生命保険契約者保護機構」のもとに、「破たん時点の責任準備金（解約返戻金と同額程度）の90％を補償」されます。保険金額や年金額で見ると、おおむね10％カットされます。

しかし、破たん後、契約が救済保険会社に引き継がれる際に、予定利率の引き下げなど、契約条件が変更になる可能性は大です。そうなると保険金等は90％より大きく減ってしまう恐れがあります。

影響が大きいのは、予定利率の高い保険や、養老保険や個人年金など貯蓄性の保険、終身保険や個人年金のように期間が長い保険です。2000年に破たんした大正生命のときには、年金額が68％もカットされた終身年金の例もありました。年金額が100万円だったら、32万円しかもらえないということです。恐ろしいですね。

## Q 損害保険会社が破たんすると保険はどうなる？

## A 補償の内容は、保険種類によって異なる

生命保険とは別のセーフティネットがあり、「損害保険契約者保護機構」のもとに保護されます。補償の内容は、保険種類によって異なり、まず、政府が関わる自賠責保険、地震保険は100％補償されます。

自動車保険、火災保険や1年以内の傷害保険等は、破たんより3ヵ月間は100％補償されますが、その後は80％補償となります。3ヵ月の間に他社の保険に乗り換えるようにということです。

年金払い積立傷害保険、所得補償保険、医療保険、介護保険などは、保険金については90％補償、積立型の積立部分については80％補償となります。損害保険商品の保護の内容は、ややわかりにくいですね。

## Q 株式や投資信託に保護はある？

## A 投信は販売金融機関、運用会社、信託銀行のどれが破たんしても株式のようにゼロにならない

株を持っている企業が破たんすると、原則として株式は紙切れになると考えたほうがいいでしょう。

投信の場合は仕組みがやや複雑で、銀行や証券会社など「販売金融機関」と、運用会社と、運用資金を管理する信託銀行の三者が関わっています。

お金を預かる信託銀行が経営破たんしても、自社の財産と分けて管理することが義務づけられているので、問題ありません。運用会社は運用の指示が役割なので、投資家のお金はここにはありませんから、大きな影響なし。販売窓口の金融機関が破たんすると、他の金融機関に預け替えになるか、そのときの価額で解約されます。関係団体のそれぞれが分別管理しているので、株式のようにゼロになることはないです。

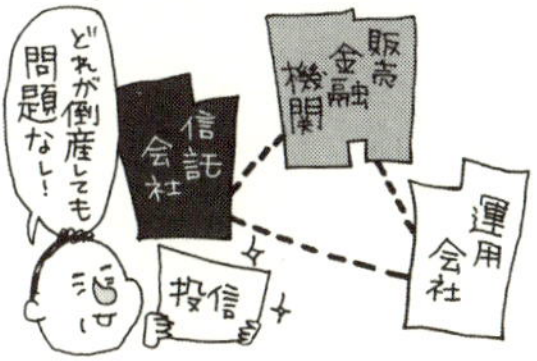

## ●年金支給開始年齢早見表

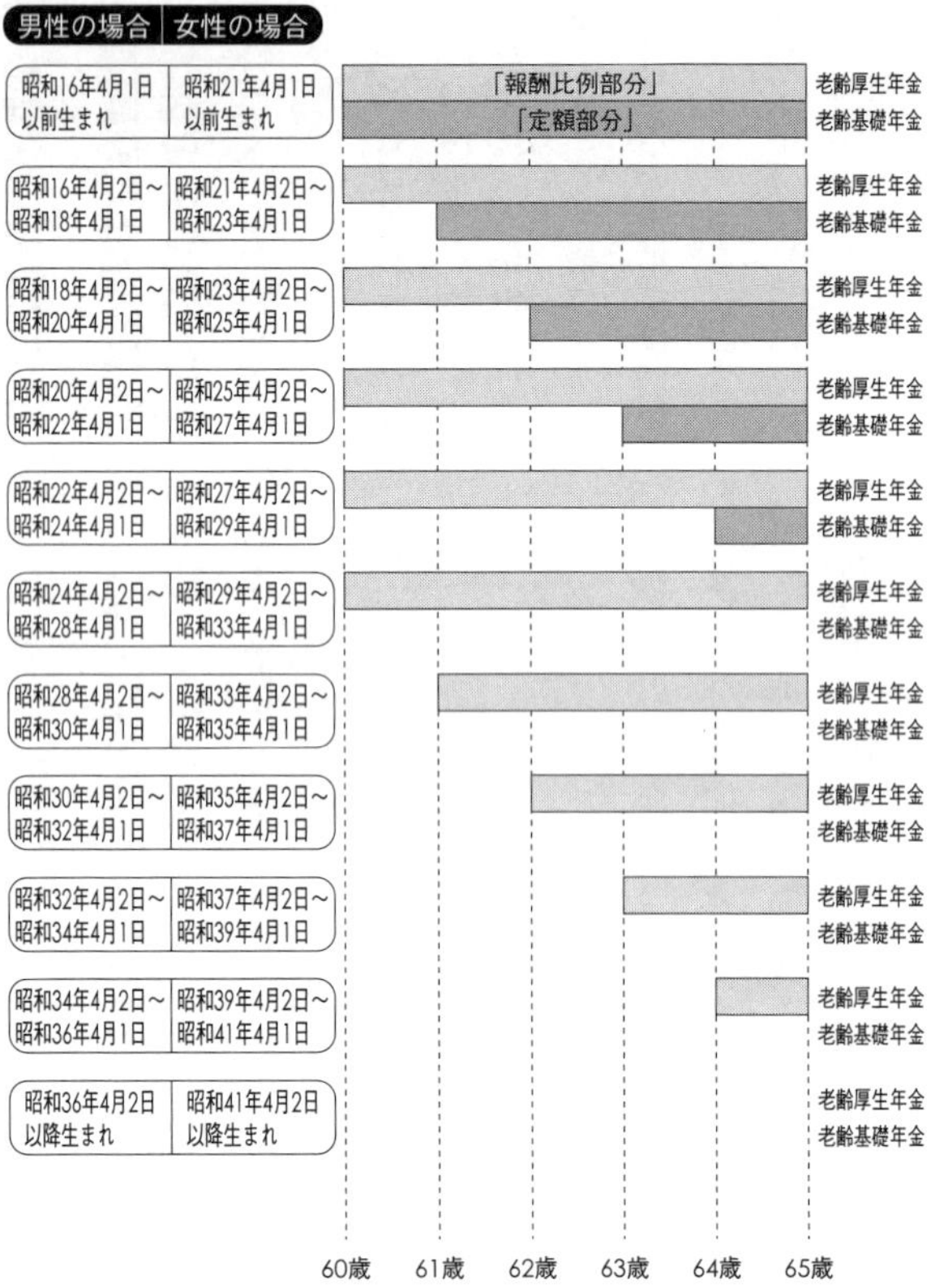
男性の場合
女性の場合
昭和16年4月1日以前生まれ
昭和21年4月1日以前生まれ
昭和16年4月2日〜昭和18年4月1日
昭和21年4月2日〜昭和23年4月1日
昭和18年4月2日〜昭和20年4月1日
昭和23年4月2日〜昭和25年4月1日
昭和20年4月2日〜昭和22年4月1日
昭和25年4月2日〜昭和27年4月1日
昭和22年4月2日〜昭和24年4月1日
昭和27年4月2日〜昭和29年4月1日
昭和24年4月2日〜昭和28年4月1日
昭和29年4月2日〜昭和33年4月1日
昭和28年4月2日〜昭和30年4月1日
昭和33年4月2日〜昭和35年4月1日
昭和30年4月2日〜昭和32年4月1日
昭和35年4月2日〜昭和37年4月1日
昭和32年4月2日〜昭和34年4月1日
昭和37年4月2日〜昭和39年4月1日
昭和34年4月2日〜昭和36年4月1日
昭和39年4月2日〜昭和41年4月1日
昭和36年4月2日以降生まれ
昭和41年4月2日以降生まれ
「報酬比例部分」
「定額部分」
老齢厚生年金
老齢基礎年金
60歳
61歳
62歳
63歳
64歳
65歳

年金の支給開始年齢は若い人ほど遅くなる

# ●金融資産一覧表

名義ごとに表を分けよう

記入例

●名義（　　分）

| 金融機関 | ネット取引 | 金額 | 商品名 | 備考 |
|---|---|---|---|---|
| A銀行 | なし | 20,000,000円 | 1年定期預金 | 退職金の一部 |
| B銀行 | あり | 5,000,000円 | 1年定期預金 | 自動継続・満期注意 |
| C証券 | なし | 2,780,000円 | 投資信託など | |
| D生保 | なし | 6,000,000円 | 65歳からの10年確定年金 | |
| 集計 | | 3378万円 | | |

白紙シート

●名義（　　　　分）　　●コピーして使おう

| 金融機関 | ネット取引 | 金額 | 商品名 | 備考 |
|---|---|---|---|---|
| | | | | |
| | | | | |
| | | | | |
| | | | | |
| | | | | |
| | | | | |
| | | | | |
| | | | | |
| | | | | |
| | | | | |
| 集計 | | | | |

※シートのPDFをプレゼント。ダウンロード方法は巻末をご参照ください。

保険の記録

## ●死亡保障一覧表

| 誰の保険？（被保険者） | 保険会社 | 商品名など | 死亡保障額 | 定期保険の保障はいつまで？ | 満期金があれば金額 | 契約者 | 死亡保険金受取人 | 備考 |
|---|---|---|---|---|---|---|---|---|
| | | | | | | | | |
| | | | | | | | | |
| | | | | | | | | |
| | | | | | | | | |
| | | | | | | | | |
| | | | | | | | | |
| | | | | | | | | |

## ●医療保障一覧表

| 誰の保険？（被保険者） | 保険会社 | 商品名（または特約）など | 保障期間 終身・定期（　年更新） | 入院すると1日いくら？ | 手術給付金 | その他給付金 | 契約者 | 備考 |
|---|---|---|---|---|---|---|---|---|
| | | | | | | | | |
| | | | | | | | | |
| | | | | | | | | |
| | | | | | | | | |
| | | | | | | | | |
| | | | | | | | | |
| | | | | | | | | |

## ●住まいの補償

※こんなとき補償があるかもしれないので確認を➡火災・浸水・風水害・落雷・地震

| 補償対象 | 保険会社 | 商品名 | 保険金額 | 契約者 | 保険期間 | 備考（連絡先など） |
|---|---|---|---|---|---|---|
| | | | | | 年 | |
| | | | | | 年 | |
| | | | | | 年 | |
| | | | | | 年 | |
| | | | | | 年 | |

## ●クルマの補償

| どのクルマ？ | 保険会社 | 商品名 | 対人賠償（どちらかに○を） | 対物補償（どちらかに○を） | 補償対象年齢 | 家族限定（どちらかに○を） | 保険期間 | 備考（連絡先など） |
|---|---|---|---|---|---|---|---|---|
| | | | 無制限<br>（　　）円 | 無制限<br>（　　）円 | 全年齢担保<br>（　）歳未満不担保 | あり<br>なし | 年 | |
| | | | 無制限<br>（　　）円 | 無制限<br>（　　）円 | 全年齢担保<br>（　）歳未満不担保 | あり<br>なし | 年 | |
| | | | 無制限<br>（　　）円 | 無制限<br>（　　）円 | 全年齢担保<br>（　）歳未満不担保 | あり<br>なし | 年 | |

※シートのPDFをプレゼント。ダウンロード方法は巻末をご参照ください。

## 本書の読者に
## 特別プレゼント！

「老後のお金安心読本」の読者に本書掲載の「お役立ちシート」PDFをプレゼントします。

http://www.fp-clue.com/rougo-okane_sheet.html

から、書き込み式お役立ちシートのPDF一式がダウンロードできます。

なお、PDFにはパスワードがかかっており、rougo1406fukata を入力するとPDFが開けます（1406は数字）。印刷してご活用ください。

**生活設計塾クルー**

特定の金融機関に属さない、独立系ファイナンシャルプランナー集団。経験に裏打ちされた独自の視点で、一人ひとりの将来設計に応じた資産運用や保障設計のアドバイスを行う。金融、経済、金融商品、社会保険等について、中立の立場から情報発信している。
http://www.fp-clue.com

本書は二〇一〇年2月に小社より刊行された、
『年金以前の「定年後のお金」の常識』
を文庫化にあたり、改題、改筆、再編集したものです。

深田晶恵―ファイナンシャルプランナー。生活設計塾クルー取締役。
1967年、北海道に生まれる。外資系電機メーカー勤務を経て、1996年にFPに転身。現在は、「生活設計塾クルー」のメンバーとして、幅広い年代の個人向けにコンサルティングを行うほか、メディアや講演活動を通じて、利用者目線でのマネー情報を発信している。日本経済新聞、日経WOMANなどでマネーコラムを連載中。著書には『住宅ローンはこうして借りなさい　改訂4版』『「投資で失敗したくない」と思ったら、まず読む本』（以上、ダイヤモンド社）、『共働き夫婦のための「お金の教科書」』（講談社）などがある。毎年10月発行の家計簿『かんたん年金家計ノート』（講談社）が好評。

講談社+α文庫　図解《ずかい》　老後《ろうご》のお金《かね》　安心読本《あんしんどくほん》
――定年後の不安がなくなる!
深田晶恵《ふかたあきえ》

2014年6月19日第1刷発行

発行者――鈴木 哲
発行所――株式会社 講談社
東京都文京区音羽2-12-21 〒112-8001
電話 出版部(03)5395-3529
販売部(03)5395-5817
業務部(03)5395-3615

カバー写真――アフロ
本文イラスト――カツヤマケイコ
デザイン――鈴木成一デザイン室
本文データ制作――朝日メディアインターナショナル株式会社
カバー印刷――凸版印刷株式会社
印刷――慶昌堂印刷株式会社
製本――株式会社国宝社

落丁本・乱丁本は購入書店名を明記のうえ、小社業務部あてにお送りください。
送料は小社負担にてお取り替えします。
なお、この本の内容についてのお問い合わせは
生活文化第二出版部あてにお願いいたします。
Printed in Japan ISBN978-4-06-281558-1
定価はカバーに表示してあります。

## 講談社+α文庫 ©生活情報

| 書名 | 著者 | 内容 | 価格 | 番号 |
| --- | --- | --- | --- | --- |
| *年金・保険・相続・贈与・遺言 きほんの「キ」 | 岡本通武+「みんなの暮らしと税金」研究会 | プロがわかりやすく答える、暮らしの不安！ お金のモヤモヤを解決しておトクをゲット！ | 648円 | C 119-1 |
| *生涯、美しくて幸福な人になる！ 顔2分・体5分！ フェロモン・ダイエット | 吉丸美枝子 | 自分の顔は変えられる！ 顔はオードリー、体はモンローに変身して幸福になった秘訣！ | 648円 | C 126-1 |
| 20歳若くなる！ フェロモンボディのつくり方 | 吉丸美枝子 | 誰でも美乳・美尻に変身！ 年齢を重ねるほどに美しくなる人のボディメイクの秘密 | 552円 | C 126-2 |
| *今夜も一杯！ おつまみ手帖 有名料理家競演 | 講談社 編 | 有名料理家11名の簡単おつまみレシピが143！ お酒がどんどんすすみそう！ | 667円 | C 128-1 |
| 子育てはキレない、あせらない | 汐見稔幸 | 文字や言葉を早く覚えさせるより子どもの豊かな育ちを見守りたい。子育てを楽しむ秘訣が満載 | 648円 | C 129-1 |
| 女子力アップ 美人作法100 | 渡辺みどり | ほんのささいなことで、周囲と差をつける技術を皇室取材歴50年の著者が伝授。母娘必読 | 619円 | C 131-1 |
| 奇跡の「きくち体操」 | 菊池和子 | 若さと健康を生涯守れるすごいメソッド「きくち体操」の考え方、厳選体操。すぐできる！ | 648円 | C 132-1 |
| 「和のおけいこ」事始め 書道から仏像鑑賞まで35の手習い | 森 荷葉 | 学びたい、そう思ったら始め時。気軽におけいこをしませんか？ 入門のそのまた入門編 | 619円 | C 134-1 |
| ポケット版 庭師の知恵袋 プロが教える、人気の庭木手入れのコツ | 日本造園組合連合会 編 | 初心者でもできる庭木の剪定と手入れのコツをプロの含蓄ある言葉とイラストで紹介 | 705円 | C 135-1 |
| まねしたくなる 土井家の家ごはん | 土井善晴 | 本当においしいそうめん、素晴らしくうまいポテトサラダ……。これぞ魅惑の家ごはん | 648円 | C 136-1 |

*印は書き下ろし・オリジナル作品

表示価格はすべて本体価格(税別)です。本体価格は変更することがあります

講談社+α文庫 ©生活情報

よりぬき 医者以前の健康の常識 平石貴久
その健康法、逆効果かも。ケガや病気への対処法から、良い病院選びまでの最新常識集！
533円 C 137-1

よりぬき グルメ以前の食事マナーの常識 小倉朋子
箸の上げ下ろしから、フレンチ・中華・イタリアンのフルコースまで、どんと来い！
533円 C 138-1

*暮らしBefore/After すぐ役立つ！裏ワザ88 生活の知恵研究会
美容、掃除、洗濯、収納、料理、すべて実証済みのワザばかり。時短にも役立つ主婦の知恵袋
552円 C 139-1

ポケット版 開運ご利益参り 武光誠 編著
神社や寺の効果的な参拝方法から、完璧なアフターフォローまでの秘訣で、願いが数倍叶う！
552円 C 140-1

ポケット版 名人庭師 果樹の知恵袋 井上花子
庭植えから鉢植えまで、人気の果樹45種を育てて楽しむテクニックを名人庭師が伝授！
667円 C 141-1

5分若返り宝田流美顔マッサージ テレビ・雑誌で話題！10年前の顔になる!! 宝田恭子
テレビ・雑誌で話題騒然。歯科医師の立場から得た独自の若返りメソッドを伝授！
552円 C 142-1

よりぬき 仕事以前の社会人の常識 西松眞子
名刺交換、電話の応対、トラブル処理など、ビジネスシーンでの常識を一冊で網羅！
533円 C 143-1

よりぬき そうじ以前の整理収納の常識 本多弘美
時間がなくても収納スペースが足りなくても。きれいな部屋をつくるテクニック満載！
533円 C 144-1

世界で通用する子供の名前は「音」で決まる 宮沢みち
名前の音で「能力と性質」がわかる。音の循環を知って「自分を生かす」開運の姓名判断
648円 C 145-1

*よりよく生きる 手相 未来をズバリ！読み解く 宮沢みち
手には自分の使命が刻まれている。手のひらの線と手の形、指、ふくらみでわかる開運法
648円 C 145-2

*印は書き下ろし・オリジナル作品

表示価格はすべて本体価格(税別)です。本体価格は変更することがあります

講談社＋α文庫 ©生活情報

| 書名 | 著者 | 内容 | 価格 | 番号 |
|---|---|---|---|---|
| 「体を温めて病気を治す」食・生活 | 石原結實 | 体温が1℃上がると免疫力は5～6倍強化。クスリに頼らず「体温免疫力」で病気を治す | 571円 | C 157-1 |
| おいしい患者をやめる本 医療費いらずの健康法 | 岡本裕 | 政府、厚労省の無策で日本の医療は破綻寸前！現役ドクターがその矛盾と解決策を説く | 657円 | C 158-1 |
| 究極の食 身体を傷つけない食べ方 | 南清貴 | 野口整体と最新栄養学をもとにしたKIYO流正しい食事法が歪んだ日本人の体を変える | 695円 | C 159-1 |
| 免疫革命 | 安保徹 | 生き方を変えればガンは克服できる。自らの治癒力を引き出し、薬に頼らず健康になる方法 | 762円 | C 160-1 |
| 人がガンになるたった2つの条件 | 安保徹 | 百年に一度の発見、人はついにガンも克服！糖尿病も高血圧もメタボも認知症も怖くない | 762円 | C 160-2 |
| トレーニングをする前に読む本 最新スポーツ生理学と効率的カラダづくり | 石井直方 | トレーニングで筋肉は具体的にどう変化するのか、科学的に解き明かした画期的実践書！ | 750円 | C 161-1 |
| 若返りホルモンダイエット | 石井直方 | リバウンドなし！「若返りホルモン」は自分で出せる。やせて若返る本当のダイエット！ | 619円 | C 161-2 |
| 生活防衛ハンドブック 食品編 | 小若順一 食品と暮らしの安全基金 | 放射能、増量肉、残留農薬、抗生物質、トランス脂肪酸……。隠された危険から身を守れ！ | 600円 | C 162-1 |
| みるみる脚やせ！魔法の「腕組みウォーク」 | 小倉義人 | 脚やせにエクササイズはいりません！歩くだけで美脚になれる、画期的なメソッドを伝授！ | 533円 | C 163-1 |
| 「泡洗顔」をやめるだけ！ 美肌への最短の道 | 吉川千明 | 肌質が悪いからと諦めないで！吉川流簡単スキンケアで、あなたの肌の悩みが解消します！ | 562円 | C 164-1 |

＊印は書き下ろし・オリジナル作品

表示価格はすべて本体価格（税別）です。本体価格は変更することがあります

## 講談社+α文庫 ©生活情報

**ハッピープチマクロ** 10日間でカラダを浄化する食事
西邨マユミ
歌手マドンナをはじめ、世界中のセレブが実践。カラダの内側から綺麗になる魔法の食事
562円 C 165-1

**冷蔵庫を片づけると時間とお金が10倍になる!**
島本美由紀
冷蔵庫を見直すだけで、家事が劇的にラクになり、食費・光熱費も大幅に節約できる!
590円 C 166-1

履くだけで全身美人になる! **ハイヒール・マジック**
マダム由美子
ハイヒールがあなたに魔法をかける! エレガンスを極める著者による美のレッスン
552円 C 167-1

**生命保険の罠** 保険の営業が自社の保険に入らない、これだけの理由
後田 亨
元日本生命の営業マンが書く「生保の真実」。読めば確実にあなたの保険料が下がります!
648円 C 168-1

**5秒でどんな書類も出てくる「机」術**
壷阪龍哉
オフィス業務効率化のスペシャリスト秘伝の、仕事・時間効率が200%アップする整理術!
667円 C 169-1

**クイズでワイン通** 思わず人に話したくなる
葉山考太郎
今夜使える知識から意外と知らない雑学まで、気楽に学べるワイン本
648円 C 170-1

**頭痛・肩こり・腰痛・うつが治る「枕革命」**
山田朱織
身体の不調を防ぐ・治すための正しい枕の選び方から、自分で枕を作る方法まで紹介!
590円 C 171-1

病院ランキングでは分からない **実はすごい町医者の見つけ方**
永田 宏
役立つ病院はこの一冊でバッチリ分かる! タウンページで見抜けるなど、驚きの知識満載
600円 C 172-1

**極上の酒を生む土と人 大地を醸す**
山同敦子
日本人の「心」を醸し、未来を切り拓く、新時代の美酒を追う、渾身のルポルタージュ
933円 C 173-1

**一生太らない食べ方** 脳専門医が教える8つの法則
米山公啓
専門家が教える、脳の特性を生かした合理的なやせ方。無理なダイエットとこれでサヨナラ!
571円 C 174-1

＊印は書き下ろし・オリジナル作品

表示価格はすべて本体価格(税別)です。本体価格は変更することがあります